EL NUEVO JUICIO EJECUTIVO MERCANTIL ORAL

ELEMENTOS BÁSICOS

TEMAS SELECTOS: LA FALSEDAD IDEOLÓGICA, MEDIDAS CAUTELARES, GRÁFICOS, JURISPRUDENCIA

DR. JOSÉ LUIS CASTILLO SANDOVAL

Estimado lector:

Esta obra ha sido realizada para usted con el esmero de facilitar el entendimiento para su posterior aplicación del amplio tema relativo los juicios orales, en particular al ejecutivo mercantil, y es parte de la colección de temas jurídicos especializados escritos por el autor Dr. José Luis Castillo Sandoval, si le interesa conocer sus próximas conferencias, diplomados, presentación en el Canal Judicial o publicaciones en periódicos envíe un correo a:

dr.jlcs1@gmail.com
lic.jlcs@gmail.com

Están reservados todos los derechos. Sin autorización escrita del autor, queda prohibida la reproducción total o parcial de esta obra por cualquier medio mecánico u electrónico, así como su distribución mediante alquiler o préstamo.

Castillo Sandoval, José Luis

El nuevo juicio ejecutivo mercantil oral / José Luis Castillo Sandoval - 1a ed. - México - 12 Editorial, AC - julio 2018

136P. ; 148 x 210 mm

ISBN: 978-172-029-794-9

1. Derecho.   2. Juicio Ejecutivo Mercantil Oral.

DISEÑO EDITORIAL Y PORTADA:

L.D.P. Heiddy Castillo Zapata
karmacenter2017@gmail.com

12 Editorial, AC.
Mitla 54-304, Col. Independencia.
CP 03630 Ciudad de México.
México.
www.12editorial.com.mx
12editorial@gmail.com

EL NUEVO JUICIO EJECUTIVO MERCANTIL ORAL

DR. JOSÉ LUIS CASTILLO SANDOVAL

Índice

... 12

... 14 Prólogo

... 16 Presentación

... 17 Finalidad del Juicio Ejecutivo Mercantil Oral

JURISDICCIÓN CONCURRENTE
Art. 1391 Código de Comercio; Art. 104 fracción II de la Constitución General de la República

... 18 Comentario

JUICIO EJECUTIVO MERCANTIL ORAL Finalidad (D.O.F. 25/I/17)

COMPETENCIA
Arts. 1339, 1390 Ter, 1390 Ter-1, 1390 Ter-2 del Código de Comercio

... 19

... 20 COMPETENCIA
Art. 1391 del Código de Comercio

Documentos que traen aparejada ejecución

... 21 Comentario

... 22 REGULARIZACIÓN
Art. 1390 Ter-2 Código de Comercio

JUICIO EJECUTIVO MERCANTIL ORAL distinción
Arts. 1390 Bis, 1390 Ter-3 Código de Comercio

JUICIO ORAL MERCANTIL Y JUICIO EJECUTIVO MERCANTIL ORAL -Diferencias- Arts. 2º., 3º, 4º, y 5º Transitorios reformas 25/I/17 en vigor 26/I/17; 26/III/18 en vigor 29/III/18

... 23

JUEZ CIVIL DE CUANTÍA MENOR
Arts. 82 de la L.O.P.J.C.M., 1253 f. VI, 1340, 1390 Bis Cód. Com.

... 24

JUEZ DE LO CIVIL DE PROCESO ORAL
COMPETENCIA Art. 82 L.O..P..J.C.M., 1390 Bis Cód. Com.

... 24	JUEZ DE PROCESO ORAL CIVIL EJEMPLOS DE ASUNTOS DE SU COMPETENCIA
... 25	PROCESO EJEMPLOS DE ASUNTOS DE SU COMPETENCIA
	CUANTÍA Y COSTAS PROCESALES JUEZ DE LO CIVIL DE PROCESO ORAL
... 26	JUEZ DE LO CIVIL DE PROCESO ORAL COSTAS PROCESALES
	JUEZ DE LO CIVIL DE PRIMERA INSTANCIA HOY JUEZ DE LA CIUDAD DE MÉXICO (Art. 51 L.O.P.J.C.M.)
... 27	EL JUICIO EJECUTIVO MERCANTIL ORAL ENTRADA EN VIGOR
	JUEZ DE LO CIVIL DE PROCESO ORAL PROVIDENCIAS PRECAUTORIAS Arts. 1390 Bis y 1390 Bis 1 Código de Comercio
... 29	JUEZ DE LO CIVIL DE PROCESO ORAL PROVIDENCIAS PRECAUTORIAS (RETENCIÓN DE BIENES)
	JUEZ DE LO CIVIL DE PROCESO ORAL PROVIDENCIAS PRECAUTORIAS (ORAL MERC.)
... 31	PRINCIPIOS DEL JUICIO EJEC. MERC. ORAL Arts. 1390 Ter-3, 1390 Bis 2 Código de Comercio
... 33	INTÉRPRETES Arts. 1390 Ter-3, 1390 Bis 3 Código de Comercio
	INTÉRPRETES -Honorarios- Arts. 1390 Bis 3, (Art. 1082 costas) Código de Comercio
... 34	MEDIDAS DE APREMIO Arts. 1390 Ter-3, 1390 bis 4, 1067 Bis Código de Comercio
... 35	MEDIDAS DE APREMIO JURISPRUDENCIA 94/2010 POR CONTRADICCIÓN DE TESIS

El nuevo Juicio Ejecutivo Mercantil Oral

...35 DILIGENCIAS FUERA DEL JUZGADO
       Art. 1390 Ter-3, 1390 Bis 5, 1390 Bis 26 Código de Comercio

...36 NULIDAD DE ACTUACIONES
       Art. 1390 Bis 6 Código de Comercio

...37 NULIDAD DE ACTUACIONES
       Art. 1390 Ter-3, 1390 Bis 6 Código de Comercio

       COMENTARIO

...38 RECUSACIÓN DEL JUEZ
       Arts. 1390 Ter-3, 1390 Bis 7

       LAS PROMOCIONES SON ORALES
       Arts. 1390 Ter 3, 1390 Bis 9 Código de Comercio

...39 NOTIFICACIONES
       Arts. 1390Ter-3, 1390 Bis 10 Código de Comercio

       NOTIFICACIONES
       - Principios –

...40 FIJACIÓN DE LA LITIS
       Arts. 1390 Ter-3, 1390 Bis 11 Código de Comercio

...41 FIJACIÓN DE LA LITIS
       TEORÍA DEL CASO -Sus elementos-

       FIJACIÓN DE LA LITIS
       Art. 1390 Bis 11 Código de Comercio

...42 FIJACIÓN DE LA LITIS
       Arts. 1390 Ter-4, 1390 Bis 11 Código de Comercio

...43 Comentario

...44 FIJACIÓN DE LA LITIS

...45 PREVENCIÓN
       Art. 1390 Bis 12 Código de Comercio

       TRAMITACIÓN DE LA DEMANDA
       Art. 1390 Ter-3, 1390 Bis 13 Código de Comercio

       PRESENTACIÓN DE LA DEMANDA

... 46   Art. 1390 Ter-5 Código de Comercio

PRESENTACIÓN DE LA DEMANDA
... 47   Art. 1390 Ter 5, 1392 Cód. Com. Reglas para el embargo

PRESENTACIÓN DE LA DEMANDA
Art. 1390 Ter 5, 1393 Código de Comercio -Reglas para el embargo-

DILIGENCIA DE EMBARGO
... 48   Art. 1393 Código de Comercio

DILIGENCIA E INSCRIPCIÓN DE EMBARGO
Art. 1393, 1394, 1395 Código de Comercio

CITATORIO Y CÉDULA. DIFERENCIAS
... 49

DILIGENCIA DE EMBARGO
Art. 1394 del Código de Comercio

DILIGENCIA DE EMBARGO -orden-
... 50   Art. 1390 Ter-5, 1395, F.I, II, III, IV y V Código de Comercio

DILIGENCIA DE EMBARGO
... 51   Art. 1395 del Código de Comercio. Delito de desobediencia

DILIGENCIA DE EMBARGO
Arts. 1390 Ter-5, 1390 Ter-6, 1396 Código de Comercio

DILIGENCIA DE EMBARGO
... 52   REALIZADA ILEGALMENTE

AUTO DE EXEQUENDO. MEDIO DE IMPUGNACIÓN.
... 53

CONTESTACIÓN A LA DEMANDA
Mismos requisitos para la demanda. Art. 1390 Ter-6 y Ter-7 del Código de Comercio

EXCEPCIONES -antes de la sentencia-
... 54   Documento que traiga aparejada ejecución. Art. 1403 C.COM

EXCEPCIONES. Posteriores a la sentencia. Art. 1397 Cód. Com
... 55

EXCEPCIONES
Art. 1398 Cód. Com. Los términos en que hacen valer

El nuevo Juicio Ejecutivo Mercantil Oral

... 55
        EXCEPCIONES Y EMPLAZAMIENTO
        Arts. 1390-Ter-6, 1390-Bis 16, 1390-Bis 20 Cód. Com.

... 56
        CONTESTACIÓN
        Art. 1399 Código de Comercio. Formalidades

        CONTESTACIÓN
        Excepciones. Art. 8 de la L.G.T.O.C.

... 57
        CONTESTACIÓN
        Art. 1400 Código de Comercio. Formalidades

... 59
        CONTESTACIÓN A LA DEMANDA
        Art. 1390-Bis 20 Código de Comercio. AUDIENCIA

... 60
        PRELIMINAR

        ALLANAMIENTO A LA DEMANDA
        Art. 1390-Ter-8 Código de Comercio

        CARTAS DE PORTE
        Títulos del Contrato de Transporte terrestre.

... 61
        Art. 1390-Ter-9, 583 del Código de Comercio

        AUDIENCIA PRELIMINAR
        Arts. 1390-Ter-10, 1390-Bis 20 Código de Comercio.
        Requisitos del Juicio Oral Mercantil

        AUDIENCIA PRELIMINAR (Objeto)
        Art. 1390-Ter-11, 1390-Bis 32, 33, 34, 35, 36, 37 Cód. Com.

... 62
        AUDIENCIA PRELIMINAR
        DESAHOGO Art. 1390-Bis-33, 1390-Ter-11. Cód. Com.

        EXAMEN DE LEGITIMACIÓN PROCESAL Y RESOLUCIÓN DE
        EXCEPCIONES

... 63
        CONCILIACIÓN
        Art. 1390-Bis-35 Código de Comercio

        Comentario

... 64
        FIJACIÓN DE ACUERDOS NO CONTROVERTIDOS
        Art. 1390-Bis-36 del Código de Comercio

... 64 FIJACIÓN DE ACUERDOS PROBATORIOS Y ADMISIÓN DE PRUEBAS . Art. 1390-Bis 37 Código de Comercio

... 65 AUDIENCIA DE JUICIO
Desahogo de pruebas 1390-Bis-38, 1390-Ter-12 Cód. Com.

... 67 SENTENCIA DEFINITIVA
Art. 1390-Bis-39; 1390-Bis-12 Código de Comercio

INCIDENTES
Reglas generales: Art. 1390-Bis 40, 1390-Ter-13 Cód. Com.

... 68 INCIDENTES
Incidente criminal

PRUEBA CONFESIONAL
1390-Bis-41, 1390-Ter-14 Código de Comercio

... 70 PRUEBA TESTIMONIAL
Arts. 1390 Bis 42, 43, 1390 Ter 14 Código de Comercio

PRUEBA INSTRUMENTAL
Arts. 1390 Bis 44 Código de Comercio

... 71 OBJECIÓN E IMPUGNACIÓN DE DOCUMENTOS
Art. 1390 Bis 45, 46, 48 Código de Comercio

PRUEBA PERICIAL
Arts. 1390 Bis 46, 47 y 48 Código de Comercio

... 72 PRUEBA SUPERVENIENTE
Art. 1390 Bis 49 Código de Comercio

... 76 DE LA EJECUCIÓN
Art. 1390 Ter 15 Código de Comercio

... 77
TEMAS SELECTOS
LA FALSEDAD IDEOLÓGICA

... 78 JURISPRUDENCIA POR CONTRADICCIÓN 31/98

...84 FALSEDAD, SIMULACIÓN Y FALSEDAD IDEOLÓGICA. DIFERENCIAS.

LA FALSEDAD IDEOLÓGICA: CUESTIONARIO

El nuevo Juicio Ejecutivo Mercantil Oral

... 86
    Comentario

... 87   MEDIDAS PRECAUTORIAS. JURISPRUDENCIA

... 91   MEDIDAS CAUTELARES

... 92   MEDIDAS CAUTELARES. JURISPRUDENCIA

... 93   PROVIDENCIAS PRECAUTORIAS

... 94   MEDIOS DE IMPUGNACIÓN

... 96   JURISPRUDENCIA Y CRITERIOS FEDERALES ORIENTADORES

... 97   PAGARÉ

.. 100   TÍTULOS EJECUTIVOS.
    Prueba preconstituída de la acción
.. 101

    TÍTULOS EJECUTIVOS.
.. 103   Dictamen de la CONDUSEF

    JURISPRUDENCIA.
.. 104   TÍTULOS EJECUTIVOS

    JURISPRUDENCIA.
.. 105   TÍTULOS EJECUTIVOS. PÓLIZAS

    TÍTULOS EJECUTIVOS. TESIS
.. 107

    JURISPRUDENCIA.
    TÍTULOS EJECUTIVOS
.. 110

    JURISPRUDENCIA. Contradicción de tesis 40/2001
.. 111   JUICIO EJECUTIVO MERCANTIL

    JURISPRUDENCIA: Tesis.
.. 113   TÍTULO EJECUTIVO

.. 115   CONTRATO DE CRÉDITO:
    TÍTULO EJECUTIVO

    JURISPRUDENCIA. TESIS. TÍTULOS EJECUTIVOS

DR. JOSÉ LUIS CASTILLO SANDOVAL

.. 117 JURISPRUDENCIA
Contradicción de tesis. ADJUDICACIÓN DIRECTA

.. 118 JURISPRUDENCIA
Contradicción de tesis.
.. 119 Adjudicación directa juicios hipotecarios.

JURISPRUDENCIA
ACCIÓN DE NULIDAD

JURISPRUDENCIA
VOUCHERS O PAGARÉS. OBLIGACIÓN DE LOS BANCOS
.. 121 RESGUARDARLOS

JURISPRUDENCIA
.. 123 PERICIAL EN CALIGRAFÍA Y GRAFOSCOPÍA

JURISPRUDENCIA
INCIDENTE DE FALSEDAD DE FIRMA DE UN RECURSO DE
.. 126 REVISIÓN. Debe acreditarse la falsedad mediante la pericial

AUTO DE EXEQUENDO:
.. 127 3 Pasos a seguir para embargo de bienes.

PROBLEMÁTICA QUE SE PRESENTA EN EL REQUERIMIENTO DE PAGO,
.. 129 EMBARGO Y EMPLAZAMIENTO:

JURISPRUDENCIA
.. 131 VÍA ORAL MERCANTIL

Acerca del Autor
.. 133

.. 135

Prólogo

La evolución del procedimiento mercantil a formas más eficaces democráticas y certeras en la consecución de la justicia, como natural aspiración de nuestra sociedad, ávida de solucionar sus conflictos de manera prístina y apegada derecho, se ve la necesidad de contar con textos que sirvan de guía no sólo al perito en Derecho sino al ciudadano en general para la debida comprensión de los alcances y espíritu fundamental de las más recientes reformas procesales, en específico, el parteaguas que ha significado la incorporación y evolución al sistema jurídico mexicano de la oralidad procesal mercantil.

En este sentido, la presente obra es un ejercicio didáctico sobre los elementos esenciales del procedimiento ejecutivo mercantil oral, exponiendo lenguaje claro: el ámbito competencial de dicho procedimiento, la improcedencia de recursos ordinarios contra las resoluciones pronunciadas en el mismo y los supuestos de procedibilidad, incorporando, los casos concretos, la cita de criterios federales (jurisprudencia).

Así, de manera ágil y fluida se logra una comprensión panorámica del procedimiento ejecutivo mercantil oral a efecto de mitigar las probables confusiones que su implementación pudiera acarrear, para facilitar con ello la tarea del juzgador, quien está obligado a dar cabal cumplimiento a dichas reformas, en beneficio de la ciudadanía. También aborda la elocuencia el tema cada vez mas socorrido de las providencias precautorias, a fin de lograr la radicación de persona o retención de bienes del deudor, garantizando con ello un desarrollo mercantil con certeza jurídica que impacte inclusive en crecimiento económico, para el beneficio de nuestra sociedad, pues es la seguridad jurídica uno de los baluartes del mismo.

Resulta destacable precisar que el autor, expone con sencillez, los principios que nutren el juicio ejecutivo mercantil oral: de oralidad, publicidad, igualdad, inmediación, contradicción, continuidad y concentración. Asimismo, aborda de manera accesible la exposición de la teoría del caso con sus elementos, lo que resulta relevante para la correcta fijación, exposición y prueba de la litis.

Por todo lo anterior, el presente libro es el fruto de un estudio minucioso y conciso, donde el autor aterriza de manera atingente, clara y didáctica, las diversas fases de nuestro procedimiento moderno en la vía ejecutiva mercantil oral, sobre pendiendo la praxis a la teoría, a fin de coadyuvar a todos los involucrados en la práctica forense.

Dr. Álvaro Augusto Pérez Juárez
Magistrado Presidente del Tribunal Superior Justicia y
del Consejo de la Judicatura de la
Ciudad de México

Presentación

> Los libros son maestros que nos instruyen sin palmetazos ni castigos, sin palabras ásperas y sin ira. Si se acerca uno a ellos, nunca están dormidos. Si se les interroga no ocultan nada. Si se les interpreta mal, no protestan. Si no se les entiende, no se ríen de uno.
>
> Richard de Bury

DR. JOSÉ LUIS CASTILLO SANDOVAL

En los juicios ejecutivos mercantiles orales incursioné en la búsqueda de un lenguaje sencillo, comprensible, objetivo y convincente, como si fuese una fotografía que penetre en las mentes de las personas interesadas en dicho tema para que éste les sea útil desde el inicio de la lectura. Así, se cumplirá dicho fin, con el estudiante de Derecho, profesor, abogado, administrador, empresario, y a toda persona común que no es abogado. También busco influir en las decisiones de la autoridad jurisdiccional por medio del secretario judicial, proyectista, juzgadores y magistrados quienes son finalmente los que resuelven este tipo de controversias con su discurso jurídico que es en esencia una sentencia.

La proyección visual de los conceptos mercantiles contenidos en ley sea federal o local, su interpretación por el Poder Judicial de la Federación transmitido por medio de la jurisprudencia, y abordar de manera práctica algunos temas selectos, hacen que este trabajo despierte el interés en su lectura y comprensión.

El objetivo del legislador y del juzgador ha de cumplirse con la celeridad de los procedimientos mercantiles cuando no exista ningún obstáculo en el ámbito jurisdiccional en cuanto a su ejecución.

El autor

Elementos básicos

EL NUEVO JUICIO EJECUTIVO MERCANTIL ORAL
ELEMENTOS BÁSICOS

TEMAS SELECTOS: LA FALSEDAD IDEOLÓGICA, MEDIDAS CAUTELARES, GRÁFICOS, JURISPRUDENCIA

DR. JOSÉ LUIS CASTILLO SANDOVAL

JUICIO EJECUTIVO MERCANTIL ORAL

Finalidad

La cultura del no pago donde el deudor elude el cumplimiento de sus obligaciones derivadas de la obtención de su crédito, es combatida por el Estado Mexicano mediante la implementación del juicio ejecutivo mercantil oral, ya que si el deudor se obligó a pagar una suma de dinero en determinado plazo al través de un título de crédito, o ejecutivo, debe asumir su pago, por eso, el legislador consideró en ésta vía la inadmisión de todo medio de impugnación ordinario, quedando a cargo de la autoridad federal que cuando se le demande el amparo y protección de dicha justicia, o bien, descubra dicha conducta malévola con la finalidad de retardar el procedimiento, imponga sanciones a dicho evasor y a sus abogados

JURISDICCIÓN CONCURRENTE
Art. 1391 Código de Comercio;
Art. 104 fracción II de la Constitución General de la República

Los tribunales de la Federación conocerán: De todas las controversias del orden civil o mercantil que se susciten sobre el cumplimiento y aplicación de leyes federales o de los tratados internacionales celebrados por el Estado Mexicano

A elección del actor y cuando sólo se afecten intereses particulares, podrán conocer de ellas, los jueces y tribunales del orden común

JURISDICCIÓN CONCURRENTE

Comentario:
A fin de resolver de manera rápida un procedimiento mercantil, con el fundamento constitucional ya referido, a partir del 25 de enero de 2018, el actor está en aptitud de elegir acudir a presentar su demanda relativa al juicio ejecutivo mercantil oral ante el Juez de Distrito en Materia Civil del Circuito de turno respectivo, o ante la autoridad judicial local, aunque en la práctica en la mayoría de los asuntos las demandas tradicionales se presenten ante los juzgados civiles del fuero común

El nuevo Juicio Ejecutivo Mercantil Oral

JUICIO EJECUTIVO MERCANTIL ORAL
Finalidad (D.O.F. 25/I/17)

CELERIDAD
- Art. 1390-Bis-36 último párrafo del Código de Comercio

COBRO DE DOCUMENTOS EJECUTIVOS
- Art. 1390-Ter

DESAHOGO DE PRUEBAS DE MANERA INMEDIATA
- Art. 1390-Bis-36 último párrafo

IMPROCEDENCIA DE RECURSOS ORDINARIOS
- Art. 1390-Ter-2

INADMISIÓN DE RECONVENCIÓN
- Art. 1390-Ter

COMPETENCIA
Arts. 1339, 1390 Ter, 1390 Ter-1, 1390 Ter-2 del Código de Comercio

El Juicio ejecutivo mercantil oral se funda en documentos que traigan aparejada ejecución (1391 Código de Comercio)

MATERIA:	CUANTIA DETERMINADA:	
JUEZ ORAL EN MATERIA CIVIL-MERCANTIL	a partir del 29/III/18 $633,075.88 hasta $650,000.00; del 26/I/19 hasta $1,000,000.00; del 26/I/20 hasta $4,000,000.00 Solo suerte principal, No se toman en cuenta intereses	Improcedencia de recursos ordinarios (Art. 1390 Ter-2)

COMPETENCIA
Art. 1391 del Código de Comercio

Documentos que traen aparejada ejecución

I.- Sentencia que causó ejecutoria y la arbitral que sea inapelable	II.- Los instrumentos públicos, testimonios y copias certificadas expedidos por fedatario público, donde conste una obligación comercial exigible y líquida	III.- La confesión judicial del deudor. Art. 1288.- Cuando la confesión judicial haga prueba plena y afecte a la demanda cesa el juicio ordinario y si lo pide el actor, procede la vía ejecutiva

COMPETENCIA
Art. 1391 del Código de Comercio

Documentos que traen aparejada ejecución (Medio preparatorio)

Obligación mercantil exigible y líquida (suma de dinero)	Que sea líquida o fácilmente liquidable y exigible	De plazo vencido, sin condición
Las deudas en moneda extranjera se satisfacen en su equivalente en moneda nacional (Art. 8 de la Ley Monetaria)	(cuantía determinada)	(Arts. 2189 y 2190 del Código Civil Federal)

19

El nuevo Juicio Ejecutivo Mercantil Oral

COMPETENCIA
Art. 1391 del Código de Comercio

Documentos que traen aparejada ejecución

IV.- Los títulos de crédito	V.- Derogado. VI.- Decisión de peritos designados en los seguros para fijar el importe del siniestro	VII.- Facturas, cuentas corrientes y cualesquiera otros contratos de comercio firmados y reconocidos judicialmente por el deudor

COMPETENCIA
Art. 1391 del Código de Comercio

Documentos que traen aparejada ejecución

VIII.- Convenios conciliatorios celebrados ante: Profeco, Condusef, o laudos arbitrales mercantiles	IX.- Los demás documentos que por disposición de la ley tienen el carácter de ejecutivos

COMPETENCIA
Art. 1391 del Código de Comercio

Son **título ejecutivo** el contrato de crédito simple acompañado con el estado de cuenta expedido por el contador público de la institución de crédito (Art. 68 Ley de Instituciones de Crédito, 87-E y 87 F Ley General de Organizaciones y Actividades Auxiliares de Crédito)

Comentario: En la práctica, tratándose del mismo acreedor en los contratos de mutuo con interés y garantía hipotecaria, si se despacha auto de ejecución para embargo del mismo bien, debe precisarse que éste inmueble ya está dado en garantía, y si es distinto acreedor, se respetará la prelación.

REGULARIZACIÓN
Art. 1390 Ter-2 Código de Comercio

Contra las resoluciones que se pronuncien no se admite recurso

| Al no admitirse recurso alguno, las partes podrán solicitar verbalmente en audiencia(s) que se subsanen omisiones o irregularidades | Es un juicio especial. Al dictarse sentencia las partes pueden solicitar las aclaraciones pertinentes sin que se cambie la substancia de la resolución (60 minutos para solicitar la aclaración. Art. 1390 Bis 39) | De oficio el juez podrá ordenar se subsane toda omisión que advierta para regularizar el procedimiento |

El nuevo Juicio Ejecutivo Mercantil Oral

JUICIO EJECUTIVO MERCANTIL ORAL
distinción
Arts. 1390 Bis, 1390 Ter-3 Código de Comercio

INADMISIBLE LA RECONVENCIÓN

Art. 1390 Bis. Prevé el juicio **oral mercantil**, distinto al juicio **ejecutivo mercantil oral** (Art. 1390-Ter3) Su diferencia: **la cuantía y la ejecución**	**(Oral Mercantil (antes ord. Merc.)** -Transitorios- 1ª. reforma 25/I/17- (En vigor 25/I/18); 2ª. reforma 28/III/18 en vigor 29/III/18 Hasta $650,000.00; a partir del 26/I/19 hasta $1,000,000.00; del 26/I/20 sin limitación de cuantía

JUICIO ORAL MERCANTIL Y JUICIO EJECUTIVO MERCANTIL ORAL -Diferencias-
Arts. 2°., 3°, 4°, y 5° Transitorios reformas 25/I/17 en vigor 26/I/17; 26/III/18 en vigor 29/III/18

ORAL MERCANTIL: hasta $650,000.00, admite reconvención, si la suerte principal es superior se reserva el derecho para hacerlo valer ante juez competente (Art. 1390 Bis 18 Cód. Comercio)

EJECUTIVO MERCANTIL ORAL: $633,033,88 hasta $650,000.00; del 26/I/19 hasta $1,000,000.00; del 26/I/20 hasta $4,000,000.00 de suerte principal sin considerar intereses, ni accesorios

JUEZ CIVIL DE CUANTÍA MENOR
Arts. 82 de la L.O.P.J.C.M., 1253 f. VI, 1340, 1390 Bis Cód. Com.

COMPETENCIA: JURISDICCIÓN CONCURRENTE
Juicios ejecutivos mercantiles (procedimiento tradicional) hasta **$633,075.88**

Diligencias preliminares de consignación. Diligenciación exhortos, despachos de su competencia.	Juicio de pago de daños culposos con motivo de tránsito de vehículos. Juicios contenciosos por adeudos de cuotas condóminales, intereses o sanciones por incumplimiento a la ley condóminal	Convenios celebrados ante la Procuraduría Social. No conoce de juicios contenciosos sobre derechos reales y personales de naturaleza civil

JUEZ DE LO CIVIL DE PROCESO ORAL
COMPETENCIA Art. 82 L.O..P..J.C.M., 1390 Bis Código de Comercio

I.- Juicios contenciosos sobre propiedad y demás derechos reales cuyo valor de la cosa sea inferior a la cantidad prevista en el Art. 1390 Bis del C.C.

II.- Juicios sobre derechos personales de naturaleza civil

III.- Negocios de jurisdicción concurrente (Art. 1390 Bis del Código de Comercio)

IV.- Medios preparatorios a juicio y providencias precautorias relacionados con los juicios de su competencia

El nuevo Juicio Ejecutivo Mercantil Oral

JUEZ DE LO CIVIL DE PROCESO ORAL
COMPETENCIA Art. 82 L.O.P.J.C.M., 1390 Bis Código de Comercio

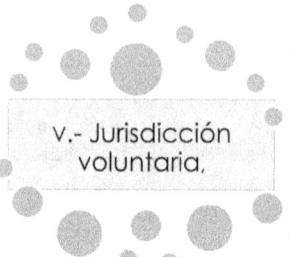

v.- Jurisdicción voluntaria,

V.- Diligenciación de exhortos, rogatorias, suplicatorias, requisitorias y despachos relacionados con la materia civil y mercantil

JUEZ DE PROCESO ORAL CIVIL
EJEMPLOS DE ASUNTOS DE SU COMPETENCIA

Comentario:
En asuntos de jurisdicción concurrente, el actor elige la competencia de un juzgado de proceso oral civil, (antes juicios ordinarios mercantiles, y la hipótesis es donde una institución de crédito liquidó indebidamente un cheque(s), o bien, realizó un cargo incorrecto con motivo de la utilización de una tarjeta de crédito y se niega a realizar dicha devolución de dinero; o, una aseguradora no liquida la totalidad del importe del seguro pactado –gastos médicos- **(hasta $650,000.00)** para confirmar que la competencia le corresponde al juzgador antes referido

DR. JOSÉ LUIS CASTILLO SANDOVAL

PROCESO
EJEMPLOS DE ASUNTOS DE SU COMPETENCIA

Comentario:
La Ley Orgánica del Poder Judicial de la ciudad de México, tratándose de medios preparatorios a juicio, no prevé la denominación de medios preparatorios a juicio ejecutivo civil, por lo que el litigante aprovechando tal omisión, acude a la competencia de un juzgado civil de primera instancia. Sin embargo, en razón a la cuantía, el comentario es que debe conocer un juzgado de proceso oral civil, por eso en la doctrina se ha determinado la competencia de los juzgados de cuantía menor y mayor. Lo que no exime de dicha competencia a los jueces orales civiles-mercantiles

CUANTÍA Y COSTAS PROCESALES JUEZ DE LO CIVIL DE PROCESO ORAL

- Inaplicación del criterio jurisprudencial a que la cuantía del negocio se toma en cuenta suerte principal, intereses y accesorios. (1390 Bis Cód. Com.)

- La cuantía del negocio es determinada

- Por disposición del artículo 1390 Bis 1 en los juicios mercantiles orales, la cuantía del negocio es determinada

- En cuanto a las costas procesales el derecho nace al dictarse la sentencia definitiva. De la cantidad condenada se procederá a su cálculo correspondiente

El nuevo Juicio Ejecutivo Mercantil Oral

JUEZ DE LO CIVIL DE PROCESO ORAL
COSTAS PROCESALES

COMENTARIO:

En la JURISPRUDENCIA/29C Décima Época, registro 2014231, mayo 2017, libro 42, Tomo II, Plenos de Circuito, p. 1043, la autoridad judicial federal determinó que respecto de la condena en costas que en los juicios orales mercantiles no procede aplicar supletoriamente la ley adjetiva federal o local respectiva ya que solo procede en los juicios ejecutivos.

Contrario a lo anterior, considero que debe aplicarse por el juez si opera la condena en apoyo a los **criterios objetivo y subjetivo** cuando el litigante se condujo con temeridad, mala fe, y sin derecho, por lo que en ambos casos existe la condena en los JUICIOS MERCANTILES ORALES

JUEZ DE LO CIVIL DE PRIMERA INSTANCIA HOY JUEZ DE LA CIUDAD DE MÉXICO (Art. 51 L.O.P.J.C.M.)

COMPARATIVO CON EL JUICIO EJECUTIVO MERCANTIL ORAL

CUANTÍA: Determinada **JUICIO EJECUTIVO MERCANTIL** Solo suerte principal A partir del 29/III/2018 Superior a $650,000.00 sin limite	El comparativo es con el juicio ejecutivo mercantil oral, con independencia de tramitarse los asuntos previstos en las fracciones de la I a la IX de la Ley Orgánica del Poder Judicial de la Cd. de México, donde también se conoce de asuntos civiles, arrendamiento y de cuantía indeterminada

DR. JOSÉ LUIS CASTILLO SANDOVAL

EL JUICIO EJECUTIVO MERCANTIL ORAL
ENTRADA EN VIGOR

El Código de Comercio es reformado en materia de juicios orales mercantiles, según el Diario Oficial de la Federación el 25/I/2017 entrando en vigor el 25/I/2018, por lo que el Tribunal Superior de Justicia de la Ciudad de México, en cumplimiento a dicho decreto puso en funcionamiento los juzgados en materia civil **43, 48, 50, 53, 56 y 59** reiterando la cuantía de **$633,075.88 (apelación) hasta $4,000,000.00 pero por reforma del 28/III/18 en vigor el 29/III/18 ahora la cuantía es de $633,075.88 hasta $650,000.00** sin tomar en cuenta intereses, ni accesorios

JUEZ DE LO CIVIL DE PROCESO ORAL
PROVIDENCIAS PRECAUTORIAS Arts. 1390 Bis y 1390 Bis 1

- Libro V, Título Primero, Capítulo XI, Arts. 1168 al 1189 Código de Comercio
  - Oral Merc. Providencias precautorias: debe acreditarse su necesidad

- Art. 1168.- Radicación de persona
  - Temor fundado de que se ausente u oculte la persona

- Art. 1168.- Retención de bienes
  - Temor fundado de que los bienes dados en garantía donde se vaya a ejercitar acción real, se dispongan, oculten, dilapiden, enajenen o sean insuficientes

El nuevo Juicio Ejecutivo Mercantil Oral

JUEZ DE LO CIVIL DE PROCESO ORAL
PROVIDENCIAS PRECAUTORIAS 1390 Bis y 1390 Bis 1 Código de Comercio

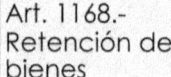
Art. 1168.- Retención de bienes

Tratándose de acciones personales, siempre que la persona no tuviera otros bienes, y exista temor fundado de que los disponga, oculte, dilapide o enajene

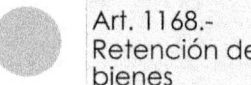
Art. 1168.- Retención de bienes

Si los bienes consisten en dinero o depósito u otros bienes fungibles y si el riesgo es que sean dispuestos, ocultados o dilapidados. (salvo que el afectado garantice el monto del adeudo)

JUEZ DE LO CIVIL DE PROCESO ORAL
PROVIDENCIAS PRECAUTORIAS
Arts. 1390 Bis y 1390 Bis 1 Código de Comercio

Art. 1168.- Retención de bienes

La retención de bienes cuya titularidad sea susceptible de inscripción en algún registro público, se ordenará su inscripción

Art. 1168.- Retención de bienes (acciones de una sociedad)

Cuando se trate de títulos de crédito -ACCIONES- de una sociedad, éstas deben contar con un registro de acciones, y contener los datos de inscripción en el Registro Público de la Propiedad y del Comercio (Art. 128 L.G.S.M.)

JUEZ DE LO CIVIL DE PROCESO ORAL
PROVIDENCIAS PRECAUTORIAS (RETENCIÓN DE BIENES)

REQUISITOS: Se acredite la existencia de un crédito líquido y exigible

Se exprese el valor de las prestaciones o de la cosa que se reclama, acreditando con avalúo o constancias

Manifestar bajo protesta de decir verdad las razones en que se funda el temor fundado, se decretan como acto prejudicial, y ejecutada se presenta la demanda dentro del término de 3 días Art. 1181 Código de Comercio

Ya iniciado el juicio, se substancia mediante incidente por cuerda separada (Art. 1177 Código de Comercio)

JUEZ DE LO CIVIL DE PROCESO ORAL
PROVIDENCIAS PRECAUTORIAS (ORAL MERC.)

Radicación de persona: No puede ausentarse del lugar del juicio sin dejar representante legítimo, instruido y expensado para responder de las resultas del juicio (Arts. 1170, 1171, 1172 y 1173 Código de Comercio)

- Se fija fianza que sea asequible al solicitante para responder de los daños y perjuicios

Se acredita con documentos o testigos.

Si se quebranta la medida se castigará como desobediencia a un mandato legítimo de la autoridad (art. 178 del Código Penal Federal), sin perjuicio de imponer las medidas de apremio

El nuevo Juicio Ejecutivo Mercantil Oral

JUEZ DE LO CIVIL DE PROCESO ORAL
Providencia precautoria: Arts. 1390 Bis y 1390 Bis 1 Código de Comercio

Se solicita la medida, si procede, se fija fianza

Se decreta la providencia **sin citación a la contraria** (Arts. 1177, 1178 Código de Comercio)

No admite excepción alguna. Una vez ejecutada, se hace la citación

JUEZ DE LO CIVIL DE PROCESO ORAL
Providencia precautoria
Arts. 1390 Bis y 1390 Bis 1 Código de Comercio

En amparo, el juez federal solicita copias certificadas del principal y del cuaderno de medidas

Es responsabilidad del juez federal si entera al quejoso de los pormenores de las medidas

La providencia es sin citación a la contraria, o pierde su eficacia legal y se violaría un precepto terminante de ley

JUEZ DE LO CIVIL DE PROCESO ORAL
PROVIDENCIAS PRECAUTORIAS Arts. 1390 Bis y 1390 Bis 1 Código de Comercio

En el juicio principal al decretarse por cuerda separada, el litigante maliciosamente presenta recurso de apelación contra el auto que la admite, éste es inadmisible

Las providencias precautorias en razón a la cuantía son inapelables por lo que debe desecharse cualquier recurso, como lo precisan los artículos 1339, 1390 Bis, 1390 Bis 1 del Código de Comercio

PRINCIPIOS DEL JUICIO EJEC. MERC. ORAL
Arts. 1390 Ter-3, 1390 Bis 2 Código de Comercio

ORALIDAD — El medio de expresión es la palabra hablada por quienes intervienen en el proceso judicial

PUBLICIDAD — Acceso a toda persona que se interese en observar el desarrollo del juicio. En estos casos, no hay secreto de dichas actuaciones judiciales públicas

IGUALDAD — Toda persona debe ser tratada y juzgada sin distinción alguna y debe garantizarse la paridad procesal

El nuevo Juicio Ejecutivo Mercantil Oral

PRINCIPIOS
Arts. 1390 Ter-3, 1392 Bis 2 Código de Comercio

INMEDIACIÓN — El juez esta en contacto personal con las partes, testigos, peritos, terceros, material probatorio, observando actitudes, cosas y objetos, ejerciendo sus facultades de dirección procesal

CONTRADICCIÓN — Las partes tienen la oportunidad de ser oídas en defensa de sus derechos y de exponer su verdad legal. El juez está en la búsqueda de la verdad histórica

PRINCIPIOS
Arts. 1390 Ter-3, 1392 Bis 2 Código de Comercio

CONTINUIDAD — El procedimiento se desarrolla sin interrupciones, en forma ágil, sin excesos de formalidades que dificulten su buena marcha para lograr una justicia pronta. Se desecha todo acto tendiente al entorpecer el procedimiento

CONCENTRACIÓN — El proceso oral se concentra en dos audiencias próximas a la decisión del juez, evita que se borren con el tiempo la memoria o impresiones del juez, entraña el principio de economía procesal, evitando un largo procedimiento

INTÉRPRETES
Arts. 1390 Ter-3, 1390 Bis 3 Código de Comercio

Se nombrará, si una de las partes no puede hablar, oír, o no habla español

Se advertirá al interprete de falso declarante si no realiza la traducción fielmente

Por inasistencia del intérprete, podrá suspenderse la audiencia

INTÉRPRETES -Honorarios-
Arts. 1390 Bis 3, (Art. 1082 costas) Código de Comercio

No se precisa a cargo de quien o quienes corren los honorarios respecto de los servicios que prestan los auxiliares de la administración de justicia designados por el Poder Judicial de la Ciudad de México, sin embargo, el juez los autorizará, e incumbe a las partes cubrir dichos honorarios, dado que cada parte es responsable de las costas que originen las diligencias que promuevan, las que se rigen por el arancel previsto en la Ley Orgánica del citado tribunal. En materia mercantil al no haber arancel en el Código de Comercio, ni en el Federal de Procedimientos Civiles, de manera supletoria se aplica la legislación orgánica local de conformidad con el art. 145 de la LOPJCM

El nuevo Juicio Ejecutivo Mercantil Oral

MEDIDAS DE APREMIO
Arts. 1390 Ter-3, 1390 bis 4, 1067 Bis Código de Comercio

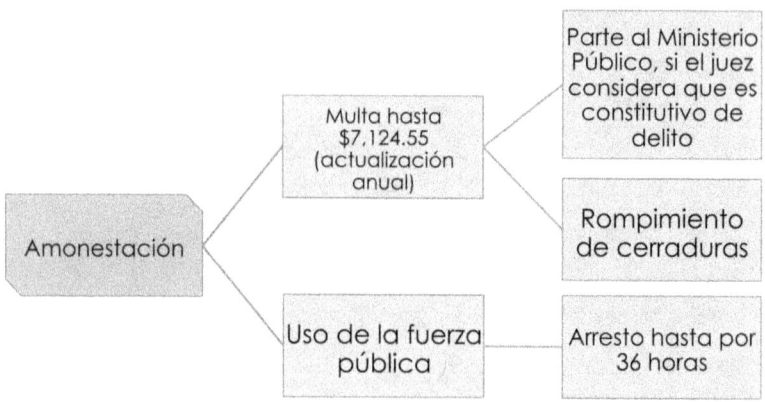

MEDIDAS DE APREMIO
Art. 1390 Ter-3, 1390 Bis 4, 1067 Bis Código de Comercio

En las medidas de apremio, el legislador federal y la Suprema Corte de Justicia de la Nación, dejaron inmersas las facultades coercitivas al juzgador para apercibir e imponer a cualesquiera de las partes como medida de apremio un arresto hasta por 36 horas, por desacato a un mandato judicial las que pueden aplicarse las veces que sean necesarias para hacer cumplir sus determinaciones, debiendo fundarse y motivarse dicha medida

MEDIDAS DE APREMIO
JURISPRUDENCIA 94/2010 POR CONTRADICCIÓN DE TESIS

ARRESTO COMO MEDIO DE APREMIO. PUEDE IMPONERSE LAS VECES QUE EL JUZGADOR CONSIDERE NECESARIAS PARA HACER CUMPLIR SUS DETERMINACIONES. DEL ARTÍCULO 73 DEL CÓDIGO DE PROCEDIMIENTOS CIVILES PARA EL DISTRITO FEDERAL, SE ADVIERTE QUE NO CONTIENE LIMITANTE ALGUNA PARA QUE LOS TITULARES DE LOS ÓRGANOS JURISDICCIONALES IMPONGAN LOS MEDIOS DE APREMIO LAS VECES QUE CONSIDEREN NECESARIAS PARA HACER CUMPLIR SUS DETERMINACIONES, DADO EL CARÁCTER DE AUTORIDAD CON QUE ESTÁN INVESTIDOS. POR TANTO, EN TÉRMINOS DE SU FRACCIÓN IV, LOS JUECES ESTÁN FACULTADOS PARA IMPONER, FUNDADA Y MOTIVADAMENTE, EL ARRESTO HASTA POR TREINTA Y SEIS HORAS, CUANTAS VECES CONSIDEREN NECESARIAS, A FIN DE HACER CUMPLIR SUS DETERMINACIONES, ATENDIENDO A LAS CIRCUNSTANCIAS PARTICULARES DEL CASO Y AL TIPO DE DETERMINACIÓN A CUMPLIRSE, TALES COMO LA NATURALEZA, LAS CONSECUENCAS Y GRAVEDAD DEL ASUNTO.

CONTRADICCIÓN DE TESIS 237/2010. PRIMERA SALA DE LA SUPREMA CORTE DE JUSTICIA DE LA NACIÓN. SESIÓN DE FECHA 3 DE NOVIEMBRE DE 2010. MÉXICO, D.F. 4 DE NOVIEMBRE DE 2010, DOY FE.

DILIGENCIAS FUERA DEL JUZGADO
Art. 1390 Ter-3, 1390 Bis 5, 1390 Bis 26 Código de Comercio

- Presididas por el juez, y se levantará acta certificada
- Se protestará a las partes y terceros que intervengan
- Se hará constar el personal que acompaña al juez

DILIGENCIAS FUERA DEL JUZGADO
Arts. 1390 Ter-3, 1390 Bis 5, 1390 Bis 26 Código de Comercio

Las diligencias que se practiquen fuera del juzgado éstas deben ser dentro de la jurisdicción territorial del juez, y entre ellas son, las de reconocimiento o inspección judicial, ya que son el medio directo de convicción al través de la percepción directa y momentánea, sobre lugares, personas, objetos, documentos, siempre relacionados con la contienda judicial. El hecho inspeccionado es el objeto de la inspección; otro ejemplo: la recepción de la confesional en el caso de enfermedad en el lugar donde se encuentre la persona.

NULIDAD DE ACTUACIONES
Art. 1390 Bis 6 Código de Comercio

Formalidad
- Se hace valer en la audiencia subsecuente bajo pena de quedar validada de pleno derecho
- También se puede reclamar en la audiencia de juicio hasta antes que se pronuncie sentencia
- La nulidad por defecto en el emplazamiento podrá reclamarse en cualquier momento hasta antes de que se dicte sentencia definitiva

NULIDAD DE ACTUACIONES
Art. 1390 Ter-3, 1390 Bis 6 Código de Comercio

Nulidad de emplazamiento

Antes de la audiencia preliminar, es **en forma escrita**, con vista a la contraria por tres días. Se cita para una audiencia especial, se desahogan pruebas y se dicta sentencia

Nulidad de emplazamiento

La que se promueva durante las audiencias preliminar y de juicio, **es oral**, y la contraria lo hará de la misma manera, si no lo hace, precluye su derecho

Alegatos

Se cita para una audiencia especial, se desahogan pruebas y se dicta la sentencia

NULIDAD DE ACTUACIONES

COMENTARIO

El legislador otra vez se equivocó, como lo hizo en los procedimientos orales en materia civil y mercantil, pero ahora, en el juicio ejecutivo mercantil oral, en razón de que si una persona no es emplazada correctamente, es obvio que no puede acudir a una audiencia preliminar, o de juicio, que son las oportunidades procesales para reclamar la nulidad del emplazamiento por escrito o de manera oral, si se entera de ello, promueve incidente de nulidad, pero se desecha por esa razón, siendo pertinente presentar demanda de garantías, con ello, se agotará el principio de definitividad evitando el sobreseimiento del juicio de amparo, la problemática de dicho desechamiento radica en que se puede pasar el término para la presentación de la demanda de amparo, lo que atenta con el principio del debido proceso.

El nuevo Juicio Ejecutivo Mercantil Oral

RECUSACIÓN DEL JUEZ
Arts. 1390 Ter-3, 1390 Bis 7

- Antes de la admisibilidad de las pruebas en la audiencia preliminar
- Se interpone ante el juez, exponiendo con claridad y precisión la causa en que se funde, remitiéndose de inmediato testimonio a la Sala Civil de turno
- Se substanciará con las mismas reglas del Capítulo IX Título primero, Libro V.
- Si es fundada, será nulo lo actuado a partir del momento en que se interpuso
- Se impondrá una sanción pecuniaria a favor del colitigante hasta de treinta días de salario mínimo general vigente en la C.M. para el caso de declararse improcedente o no probada la causa de recusación

LAS PROMOCIONES SON ORALES
Arts. 1390 Ter 3, 1390 Bis 9 Código de Comercio

- Promociones orales
- Durante las audiencias preliminar o de juicio
- Inadmisión de promociones si son frívolas o improcedentes
- Se desechan de plano por el juez
- Se debe fundar y motivar la decisión

NOTIFICACIONES
Arts. 1390Ter-3, 1390 Bis 10 Código de Comercio

Personales
- Auto de exequendo: requerimiento de pago, embargo y emplazamiento

Por medio electrónico o boletín judicial
- El boletín judicial. Se concatena con el Sistema de Consultas (SICOR)
- Las demás determinaciones, salvo lo dispuesto en audiencias

NOTIFICACIONES
- Principios -

Se aplican los **principios inquisitivo y dispositivo**:

- **En el inquisitivo**, la notificación es de oficio ordenada por el juez, como lo es el emplazamiento, la citación a testigos cuando las partes no los puedan presentar, al perito tercero en discordia, expedir oficios, cédulas, etc.

- **El dispositivo**, es a cargo de las partes, activar el procedimiento, exhibir sus documentos, presentar a sus peritos y testigos, etc.

El nuevo Juicio Ejecutivo Mercantil Oral

FIJACIÓN DE LA LITIS
Arts. 1390 Ter-3, 1390 Bis 11 Código de Comercio

Postular: (Del latín postulare) Diccionario de la Lengua Española

- **Significado:** Pedir, pretender
- Posición o actitud que alguien adopta respecto del asunto

Requisitos del artículo 1390 Bis 11 Código de Comercio

- Las partes exponen su verdad jurídica.
- Al juez le corresponde la búsqueda de la verdad histórica

FIJACIÓN DE LA LITIS
Art. 1390 Bis 11 Código de Comercio

Fracción I
- Juez ante el que se promueve

Fracción II
- Nombre y apellidos, denominación o razón social del actor y el domicilio para oír y recibir notificaciones

Fracción III
- Nombre y apellidos, denominación o razón social del demandado y el domicilio para el emplazamiento

FIJACIÓN DE LA LITIS
TEORÍA DEL CASO -Sus elementos-

El litigante explica en su demanda los hechos del caso para convencer al juzgador de que le asiste la razón a su cliente

Fáctico:	Normativo:	Probatorio:
Consiste en narrar reconstruyendo los hechos	Es la existencia de la norma aplicable	Es la evidencia que sostienen las proposiciones fácticas

FIJACIÓN DE LA LITIS
Art. 1390 Bis 11 Código de Comercio

Fracción IV
- El objeto u objetos que se reclamen con sus accesorios

Fracción V
- Narrar los hechos de manera clara y precisa
- Precisar los documentos que tiene en su poder y relacionarlos con cada hecho

Fracción V
- Nombre y domicilio de testigos que les consten los hechos

FIJACIÓN DE LA LITIS
Art. 1390 Bis 11 Código de Comercio

Fracción VI
- Fundamentos de Derecho, clase de acción, procurando citar los preceptos y principios jurídicos

Fracción VII
- El valor de lo demandado (Es la base para el calculo de intereses y la condena en costas procesales)

Fracción VIII
- Ofrecimiento de pruebas que se pretendan rendir

FIJACIÓN DE LA LITIS
Arts. 1390 Ter-4, 1390 Bis 11 Código de Comercio

Fracción IX
- La firma del actor (s), o su representante legítimo

Fracción IX
- Si éstos no supieran o no pudieran firmar, pondrán su huella digital, firmando otra persona en su nombre o a su ruego

Omisión:
- No se precisa que deba contener lugar y fecha del escrito de demanda o contestación, pero es aconsejable que se precise

FIJACIÓN DE LA LITIS

Comentario:

En toda demanda o contestación a la misma está el éxito de la contienda judicial, en esos escritos se ofrecen pruebas, el primero para acreditar la acción, y el segundo, para probar las excepciones y defensas. Cuando se trate de falsedad de firma, o agregado de un documento que trae aparejada ejecución, el interesado debe ofrecer la pericial en **caligrafía y grafoscopía o documentoscopía** según sea el caso, y tratar de desahogar dicha probanza a más tardar en la audiencia de juicio, de lo contrario se dictará sentencia definitiva con los elementos con que cuente el juzgador

FIJACIÓN DE LA LITIS

Comentario:

En todo litigio existe un conflicto de intereses, calificado por la pretensión de uno de los interesados y por la resistencia del otro, por ello, en el escrito de demanda, el actor debe precisar claramente los hechos materia de la controversia, y una vez contestada la demanda, las partes no pueden modificar la litis, a ello, se le denomina **litis cerrada,** y a sus límites debe ceñirse el pronunciamiento judicial, ya que contestada la demanda es inadmisible una demanda nueva.

FIJACIÓN DE LA LITIS

Pregunta:
¿En los juicios ejecutivos mercantiles orales debe precisarse en el escrito de demanda el Registro Federal de Contribuyentes (RFC) y la clave Única de Registro de Población (CURP) tratándose de personas físicas y exhibirse una copia de dichos documentos?

Respuesta: Sólo en los juicios ordinarios mercantiles como lo precisa el artículo 1378 Fracción II del Código de Comercio (D.O.F. 25/I/17) en razón de que en el capítulo del juicio ejecutivo mercantil tradicional y en el juicio oral mercantil no se prevé disposición al respecto.

No se desestimará la demanda en términos del artículo 1380 si el actor manifiesta bajo protesta de decir verdad que carece de dichos registros porque no está obligado a su inscripción en los padrones correspondientes.

FIJACIÓN DE LA LITIS
Si al contestar la demanda se opone la excepción de falsedad ideológica ¿ésta en qué consiste?

Ejemplo: Se llena un pagaré utilizando una firma en hoja en blanco. ¿Se puede oponer como excepción la falsedad ideológica?

Sí, porque el contexto fue redactado después de la firma, contrariando la confección normal del documento, en éste caso, se incluye entre las falsedades ideológicas. Referencia en "temas selectos"

La falsedad ideológica, requiere de tres elementos: La corrupción de la verdad, la intención dolosa, y que se trate de dañar a un tercero. La falsedad ideológica es una mutación de la verdad

La prueba idónea es la pericial en documentoscopía

PREVENCIÓN
Art. 1390 Bis 12 Código de Comercio

- Para el caso de que la demanda fuere obscura o irregular
- Se precisarán los defectos de la demanda por una sola ocasión
- Plazo de 3 días para el desahogo
- Se pondrán a disposición los documentos base y sus copias
- Si no se cumple, se desecha la demanda, precisando los puntos que no fueron atendidos

TRAMITACIÓN DE LA DEMANDA
Art. 1390 Ter-3, 1390 Bis 13 Código de Comercio

Escritos de demanda y contestación
- Se ofrecen pruebas, expresando claramente los hechos a demostrar
- Se precisan las razones con las que se acreditarán las afirmaciones
- Nombre, apellidos, y domicilio de testigos que se hayan precisado en dichos escritos
- Los de los peritos, la clase de la pericial y sus cuestionarios

El nuevo Juicio Ejecutivo Mercantil Oral

TRAMITACIÓN DE LA DEMANDA
Arts. 1390 Ter-3, 1390 Bis 13 Código de Comercio

Exhibición de documentos que tengan las partes

Escrito sellado del escrito donde los hayan solicitado (Art. 1061 C. Com.)

Si no se cumplen dichos requisitos se desecharán las pruebas

Inadmisión de pruebas contrarias a derecho, a la moral, o sobre hechos no controvertidos

Imposibles o inverosímiles, ni extemporáneas, salvo pruebas supervenientes

PRESENTACIÓN DE LA DEMANDA
Art. 1390 Ter-5 Código de Comercio

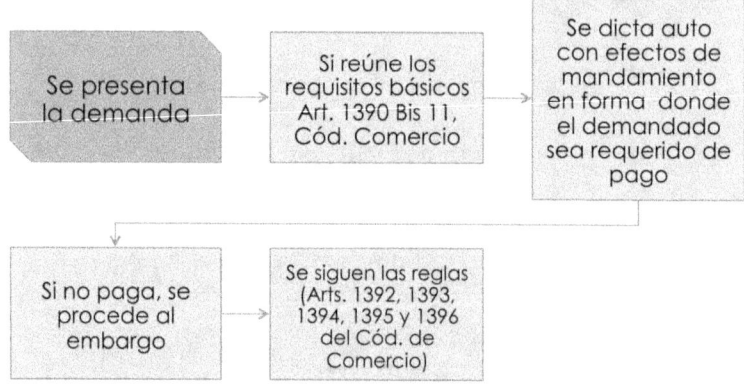

Se presenta la demanda → Si reúne los requisitos básicos Art. 1390 Bis 11, Cód. Comercio → Se dicta auto con efectos de mandamiento en forma donde el demandado sea requerido de pago

Si no paga, se procede al embargo → Se siguen las reglas (Arts. 1392, 1393, 1394, 1395 y 1396 del Cód. de Comercio)

PRESENTACIÓN DE LA DEMANDA
Art. 1390 Ter 5, 1392 Código de Comercio -Reglas para el embargo-

- Embargo de bienes suficientes para cubrir la deuda y costas
- Los bienes quedan bajo responsabilidad del actor nombrando depositario
- El actor tiene acceso a los bienes evitando sean sustraídos o dispuestos
- Podrá solicitar la práctica de avalúos
- De ser insuficientes para liquidar la deuda, -acreditación- podrá solicitar ampliación de embargo

PRESENTACIÓN DE LA DEMANDA
Art. 1390 Ter 5, 1393 Código de Comercio -Reglas para el embargo-

Si no se encuentra el demandado se le dejará citatorio (entre 6 y 72 horas posteriores)

Si no aguarda la diligencia se practicará con parientes, empleados o persona que viva en dicho domicilio (Reglas Cód. Fed. Proc. Civiles)

- Si persiste la negativa de abrir o atender la diligencia, después de la habilitación de días y horas inhábiles, el actuario dará fe, y se ordenará diligencia por medio de edictos, sin girar oficios para localización de domicilio. (ágil el proceso)

DILIGENCIA DE EMBARGO
Art. 1393 Código de Comercio

Comentario:

Como ya quedó precisado, el segundo párrafo del artículo 1393 del Código de Comercio, ante la oposición o negativa de atender la diligencia por parte del demandado, el juez ordenará el embargo por medio de edictos, pero el legislador no precisó en qué lugar y periódico se practicará y publicará el mismo para mandar hacer la publicación por edictos, lo que será en un diario de circulación amplia, debiendo hacerlo el actor interesado en el local del juzgado ante la presencia del actuario respectivo. –ver venta de bienes- Art. 1411 Código de Comercio

DILIGENCIA E INSCRIPCIÓN DE EMBARGO
Art. 1393, 1394, 1395 Código de Comercio

La inscripción del embargo respecto de bienes inmuebles o muebles embargados deberá realizarse en el Registro Público de la Propiedad y del Comercio (Ejemplo: bienes inmuebles), así como en la Sección Única del Registro Único de Garantías mobiliarias del Registro Público de Comercio **(Art. 1395 del Código de Comercio)** Ejemplos: maquinaria, vehículos, aeronaves, derechos de cobro, acciones y obligaciones, etc.
(Art. 32 el Reglamento del Registro Público de Comercio)

CITATORIO Y CÉDULA
DIFERENCIAS

Citatorio: Documento que el actuario deja en poder de la persona que lo atiende al no encontrar al buscado, una vez cerciorado de la veracidad del domicilio, para que lo espere el día y hora fijados

Cédula: Documento que el actuario deja en poder de la persona que lo atiende al no encontrar al buscado, al través del cual le emplaza o le notifica

- Fuente: CITATORIO Y CÉDULA DIFERENCIAS. S. J. F., y su Gaceta, XX, agosto 2004, 9ª. Época. Registro 180941

DILIGENCIA DE EMBARGO
Art. 1394 del Código de Comercio

Auto de exequendo: Requerimiento de pago de manera personal, representante o persona que viva en dicho domicilio

→ Si no hace el pago, tiene el derecho de señalar bienes, y si no lo hace, se le apercibe que pasa el derecho del actor, y éste señala bienes para embargo -prelación-

Practicado lo anterior, se procede al emplazamiento

El nuevo Juicio Ejecutivo Mercantil Oral

DILIGENCIA DE EMBARGO -orden-
Art. 1390 Ter-5, 1395, F.I, II, III, IV y V Código de Comercio

I.- Las mercancías

II.- Créditos de fácil y pronto cobro

III.- Los demás muebles del demandado

IV.- Los Inmuebles

V.- Acciones y derechos que tenga el demandado

DILIGENCIA DE EMBARGO
Arts. 1390 Ter-5, 1395 Código de Comercio

Cualquier dificultad en el orden, no impedirá el embargo

El ejecutor la allanará prefiriendo lo que prudentemente sea más realizable

En bienes inmuebles se requerirá la exhibición de los contratos que reúnan los requisitos de ley

En bienes muebles su inscripción es en sección única del Registro único de garantías mobiliarias del RPP

El ejecutado no podrá alterar los bienes embargados

DILIGENCIA DE EMBARGO
Art. 1395 del Código de Comercio
Delito de desobediencia

| SI EL EJECUTADO TRANSMITE EL USO DEL BIEN EMBARGADO | SIN AUTORIZACIÓN JUDICIAL | COMETE EL DELITO DE DESOBEDIENCIA |

DILIGENCIA DE EMBARGO
DELITO DE DESOBEDIENCIA -Art. 1395 Código de Comercio-

DELITO DE DESOBEDIENCIA Y RESISTENCIA DE PARTICULARES

Arts. 281, 282, 283, 284 del Código Penal; 178 Código Penal Federal

Se produce una vez agotadas las medidas de apremio

El nuevo Juicio Ejecutivo Mercantil Oral

DILIGENCIA DE EMBARGO
Arts. 1390 Ter-5, 1390 Ter-6, 1396 Código de Comercio

Hecho el embargo simultáneamente se practica la notificación

El demandado tiene 8 días para comparecer al juzgado y hacer pago de las cantidades reclamadas y costas

O, para oponer excepciones que tuviere para ello

DILIGENCIA DE EMBARGO
REALIZADA ILEGALMENTE

Hipótesis: Se practica ilegalmente una diligencia de embargo, porque la persona deudora ya falleció.

Al producir la contestación a la demanda se promueve incidente de nulidad de dicha actuación acreditando dicho fallecimiento con el acta de defunción, resultando procedente dicha acción incidental suspendiéndose el procedimiento mercantil para practicarse la diligencia con el albacea de la sucesión del de cuyus conforme al artículo 1705 del Código Civil Federal. Si se giraron oficios de retención de cuentas, éstos se dejarán sin efectos, pudiéndose hacer del conocimiento a las instituciones de que la decisión fue por dicha defunción a efecto de que no se dilapiden los bienes del difunto.

AUTO DE EXEQUENDO
-MEDIO DE IMPUGNACIÓN-

- EN SU CONTRA PROCEDE EL AMPARO INDIRECTO
  - CONSTITUYE UN ACTO DE IMPOSIBLE REPARACIÓN
    - Tesis por contradicción 406/2009, J/6/2010 Reg 164629, 9ª. Época. 1ª. Sala

CONTESTACIÓN A LA DEMANDA
-Mismos requisitos para la demanda- Art. 1390 Ter-6 y Ter-7 del Código de Comercio

Refiriéndose concretamente a cada hecho

- Se oponen excepciones (Arts. 1397, 1398, y 1403) se da vista al actor por 3 días
- Reglas previstas en los artículos 1390 Bis 16, 1390 Bis20, 1399 y 1400 Cód. Comercio

El nuevo Juicio Ejecutivo Mercantil Oral

EXCEPCIONES -antes de la sentencia-
Documento que traiga aparejada ejecución. Art. 1403 C.COM.

- I. Falsedad del título o del contrato contenido en él
- II. Fuerza o miedo
- III. Prescripción o caducidad del título
- IV. Falta de personalidad del ejecutante, o del reconocimiento de la firma del ejecutado
- V. Incompetencia del juez
- VI. Pago o compensación
- VII. Remisión o quita

EXCEPCIONES -antes de la sentencia-
Documento que traiga aparejada ejecución Art. 1403 C. COM.

- VIII. Oferta de no cobrar o espera
- IX. Novación de contrato
- Son admisibles dichas excepciones en juicio ejecutivo, si se fundan en prueba documental

EXCEPCIONES -posteriores a la sentencia-
Art. 1397 Código de Comercio

- En sentencia, procede la excepción de pago, si se pide dentro de 180 días
- Más de 180 días hasta un año, la de transacción, compensación y compromiso en árbitros
- Más de un año, la de novación, espera, la quita, el pacto de no pedir
- Cualquier otro arreglo que modifique la obligación
- La de falsedad del instrumento, siempre que la ejecución no se pida en virtud de ejecutoria o convenio

EXCEPCIONES
Art. 1398 Código de Comercio -Los términos en que hacen valer-

Los términos fijados en el artículo 1397 del Cód. Com. se contarán:

Desde la fecha o convenio, o que se haya fijado plazo para el cumplimiento de la obligación

El día en que se venció el plazo o pudo exigirse la última prestación vencida, si se tratara de prestaciones periódicas

El nuevo Juicio Ejecutivo Mercantil Oral

EXCEPCIONES Y EMPLAZAMIENTO
Arts. 1390-Ter-6, 1390-Bis 16, 1390-Bis 20 Código de Comercio

1390 Bis 16. Transcurrido el término para contestar la demanda, se procederá en términos del artículo 1390 Bis 20

- El juez revisará escrupulosamente y bajo su responsabilidad si el emplazamiento fue practicado en forma legal
- Si encontrara que el emplazamiento no se hizo conforme a la ley, mandará reponerlo

CONTESTACIÓN
Art. 1399 Código de Comercio -Formalidades-

- El demandado contesta dentro de los 8 días siguientes al auto de exequendo
- Debe referirse concretamente a cada hecho
- Oponiendo las excepciones previstas en el artículo 1403 Cód. Comercio
- Tratándose de títulos de crédito, las previstas en el artículo 8 de la Ley General de Títulos y Operaciones de Crédito
- En ese acto ofrecerá pruebas relacionándolas con los hechos acompañando documentos para acreditar excepciones

CONTESTACIÓN
Excepciones (Art. 8 de la L.G.T.O.C.)

- F. I.- Incompetencia y falta de personalidad del actor
- F. II.- Si el demandado no firmó el documento
- F.III.- Falta de representación, de poder bastante o de facultades legales en quien suscribió el título a nombre del demandado
- F.III.- Excepción: si el tenedor es de buena fe. (Art. 11 LGTOC)
- F.IV.- Por haber sido incapaz el demandado al suscribir el título

CONTESTACIÓN
Excepciones (Art. 8 de la L.G.T.O.C.)

- F.V.- Omisión de los requisitos que el título debe contener (Art.15)
- Art. 15.- las menciones y requisitos **podrán ser satisfechos por quién en su oportunidad debió llenarlos** hasta antes de la presentación del título
- F.VI.- Alteración del texto o de los demás actos que constan en el documento (Art. 13)
- Art. 13.- En caso de alteración del título los signatarios posteriores se obligan y los anteriores en los términos del texto original
- Continuación: Art. 13.- **cuando no se pueda comprobar si una firma ha sido puesta antes o después de la alteración, se presume antes**

CONTESTACIÓN
Excepciones (Art. 8 de la L.G.T.O.C.)

- F.VII.- Las que se funden en que el título no es negociable
- F.VIII.- La quita o pago parcial que conste en el documento
- F.VIII.- o en el depósito del importe del documento -Art. 132-
- IX.- Las que se funden en la cancelación del título
- IX.- o en la suspensión del pago ordenada judicialmente -Art. 45 f. II-

CONTESTACIÓN
EXCEPCIONES (Art. 8 de la L.G.T.O.C.)

- F.X.- Las de prescripción y caducidad
- F.X.- En la falta de condiciones necesarias para el ejercicio de la acción
- F. XI.- Las personales que tenga el demandado contra el actor

CONTESTACIÓN
Art. 1400 Código de Comercio -Formalidades-

Respecto del ofrecimiento de documentales requisitos previstos en el artículo 1061 Cód. Com. (demanda)

Si no se cumplen dichos requisitos no se admitirán, salvo si se trata de pruebas supervenientes, y se tendrán por no opuestas las excepciones

CONTESTACIÓN
Art. 1400 Código de Comercio -Formalidades-

Si el demandado exhibe documentales en su escrito de contestación

Se tendrán por opuestas las excepciones

Se dará vista al actor por el término de 3 días

Para que manifieste lo que a su derecho convenga

El actor ofrecerá sus pruebas respecto de dichas excepciones

El nuevo Juicio Ejecutivo Mercantil Oral

CONTESTACIÓN A LA DEMANDA
Art. 1390-Bis 20 Código de Comercio -AUDIENCIA PRELIMINAR-

- Desahogada la vista de la contestación o transcurridos los plazos para ello, el juez señalará fecha y hora para la audiencia preliminar

- Se fija dentro de los diez días siguientes
  En el mismo auto el juez admitirá las pruebas en relación a las excepciones procesales para que se rindan a más tardar en la audiencia preliminar

- Si no se desahogan a más tardar en dicha audiencia, se declararán desiertas por causa imputable a su oferente

ALLANAMIENTO A LA DEMANDA
Art. 1390-Ter-8 Código de Comercio

- Si el demandado se allana a la demanda
- Solicitando término de gracia para el pago y cumplimiento de lo reclamado
- Se da un término de 3 días al actor para que manifieste lo que a su interés corresponda
- Se resuelve en la audiencia de juicio
- En un plazo no mayor de 10 días en la que se dictará sentencia definitiva

CARTAS DE PORTE
Títulos del Contrato de Transporte terrestre.
Art. 1390-Ter-9, 583 del Código de Comercio

- Son títulos del contrato
- Se ejecutarán, sin admitir más excepciones que la falsedad y error material en la redacción
- Carta de porte (Art. 583)

AUDIENCIA PRELIMINAR
Arts. 1390-Ter-10, 1390-Bis 20 Código de Comercio –requisitos del Juicio Oral Mercantil-

- La audiencia se señala dentro del término de 10 días de oficio
- Se rendirán en dicha audiencia, si no se desahogan se declaran desiertas
- Se resolverá la admisión de pruebas

El nuevo Juicio Ejecutivo Mercantil Oral

AUDIENCIA PRELIMINAR (Objeto)
Art. 1390-Ter-11, 1390-Bis 32, 33, 34, 35, 36, 37 Código de Comercio

- Conciliación de las partes por conducto del juez
- Admisión de pruebas y citación para audiencia de juicio
- Depuración del procedimiento
- Fijación de acuerdos sobre hechos no controvertidos
- Fijación de acuerdos probatorios

AUDIENCIA PRELIMINAR
DESAHOGO Art. 1390-Bis-33, 1390-Ter-11 Código de Comercio

- Con asistencia o no de las partes
- Si no asisten sin causa justificada se impondrá multa
- No inferior a $2,000.00 ni superior a $6,477.08 (actualización 1253-VI)

EXAMEN DE LEGITIMACIÓN PROCESAL Y RESOLUCIÓN DE EXCEPCIONES

- **Art. 1390 Bis 34 Código de Comercio** Legitimación y depuración
- **Salvo la de incompetencia** 1099 (parte general del Código)
- **Perentorias** 1119, 1122 excepciones procesales. Ej. Cosa juzgada

CONCILIACIÓN
Art. 1390-Bis-35 Código de Comercio

El juez proporciona alternativas de solución **+** Si no hay acuerdo proseguirá la audiencia sin tomar en cuenta alternativas **=** En caso de convenio se aprobará (cosa juzgada)

El nuevo Juicio Ejecutivo Mercantil Oral

CONCILIACIÓN

Comentario:
El juez está capacitado para proponer alternativas de solución de la contienda, evitando el desgaste moral y económico del justiciable

El abogado de cualesquiera de las partes debe pactar en su contrato de prestación de servicios profesionales que cobrará sus honorarios si el asunto termina en la etapa de conciliación, y no entorpecer el procedimiento para continuar cobrando honorarios evitando realizar conciliación alguna

El suscrito concluye que: *El mejor combate es el que no se tiene*

FIJACIÓN DE ACUERDOS NO CONTROVERTIDOS
Art. 1390-Bis-36 del Código de Comercio

Solicitud al juez para la fijación sobre hechos no controvertidos

De la demanda, contestación y pruebas, se apreciará qué hechos ya no están controvertidos

FIJACIÓN DE ACUERDOS PROBATORIOS Y ADMISIÓN DE PRUEBAS
Art. 1390-Bis 37 Código de Comercio

- Determina la admisión de las necesarias
- Si no hay acuerdo, se dicta la admisión o no de pruebas
- El juez propone acuerdos sobre probanzas

FIJACIÓN DE ACUERDOS PROBATORIOS Y ADMISIÓN DE PRUEBAS
Art. 1390-Bis 37 Código de Comercio

- Queda a cargo de las partes su preparación -principio dispositivo
- Si las partes no preparan las pruebas, se declaran desiertas
- Las pruebas deben referirse a los puntos cuestionados

El nuevo Juicio Ejecutivo Mercantil Oral

FIJACIÓN DE ACUERDOS PROBATORIOS Y ADMISIÓN DE PRUEBAS
Art. 1390-Bis-37 Código de Comercio

- Las partes deben presentar a sus testigos, peritos y demás pruebas
- El juez ordenará la expedición de oficios, citaciones, y nombrará al perito tercero en discordia
- Se señala fecha para la celebración de la audiencia de juicio dentro del plazo de 40 días siguientes a la admisión

FIJACIÓN DE ACUERDOS PROBATORIOS Y ADMISIÓN DE PRUEBAS
1390-Bis-37 Código de Comercio

- Se desahogan pruebas y se dicta sentencia en la misma audiencia
- Si en dicha audiencia preliminar solo se admiten pruebas documentales
- Cuando estas no necesitan su preparación se concentrará la audiencia de juicio en la preliminar

AUDIENCIA DE JUICIO
Desahogo de pruebas 1390-Bis-38, 1390-Ter-12 Código de Comercio

- Se desahogan las pruebas que se hayan preparado
  - Se declararán desiertas por causas imputables al oferente las que no se hayan preparado
  - La audiencia no se suspenderá sino por caso fortuito o fuerza mayor

Fuerza mayor: Es un acontecimiento extraño al deudor (fuerza de la naturaleza)

Caso fortuito: es un suceso que se presenta de manera inesperada e imprevisible y produce un resultado por mero accidente

SENTENCIA DEFINITIVA
Art. 1390-Bis-39; 1390-Bis-12 Código de Comercio

Exposición breve, fundando los hechos en consonancia con el Derecho

- Se leerán únicamente los puntos resolutivos
- En caso de estar presentes las partes en la hora fijada se hará constar en el acta
- Inmediatamente las partes están en posibilidad de solicitar en un plazo de 60 minutos **aclaración para regularizar el procedimiento.** A disposición de las partes copia de la sentencia definitiva

El nuevo Juicio Ejecutivo Mercantil Oral

INCIDENTES
Reglas generales: Art. 1390-Bis 40, 1390-Ter-13 Código de Comercio

- Su tramitación será oral en las audiencias
- No se suspenderá el procedimiento
- Se contesta oralmente, si no lo hace, se declara precluído el derecho

- Excepción: Escrita. La impugnación de documento o nulidad del emplazamiento
- Para el desahogo de las pruebas, es en audiencia especial o dentro de alguna de las audiencias

INCIDENTES
Arts. 1390-bis-40, 1390-Ter-13 Código de Comercio

- Se escucharán alegatos de las partes
- Se dicta sentencia interlocutoria si es posible
- Si no es posible, se citará para dictarla en audiencia dentro del término de 3 días
- Antes de la audiencia de juicio debe resolverse la incidencia
- Una vez resuelto el incidente se dicta la sentencia definitiva

INCIDENTES
Reglas generales aplicables 1349 al 1358 Código Comercio

- Cuestión que tiene relación inmediata con el negocio principal
  → Si no tienen relación inmediata con el principal, serán desechados

- Es oral
  → En el incidente criminal se observará lo dispuesto por el Código de procedimientos penales respectivo (1358)

INCIDENTES
Incidente criminal

En el **incidente criminal**, las reglas generales aplicables están previstas en el Código de Comercio, y se observará lo dispuesto por el Código de Procedimientos Penales respectivo, y al no haberse reformado el art. 1358 referido, es aplicable el **Código Nacional de Procedimientos Penales** al precisarse: Las disposiciones de este Código son de orden público y de observancia general en toda la República Mexicana, por los delitos que son competencia de los órganos jurisdiccionales federales y locales, en el marco de los principios y derechos consagrados en la Constitución Política de los Estados Unidos Mexicanos y en los Tratados Internacionales de los que el Estado Mexicano sea parte.

(D.O.F. 2ª. Sección, 5/III/2014) en vigor en toda la República Mexicana, sin exceder del 18/VI/2016

El nuevo Juicio Ejecutivo Mercantil Oral

PRUEBA CONFESIONAL
1390-Bis-41, 1390-Ter-14 Código de Comercio

Se rige por el Capítulo IV. Título Especial. Es incompatible la reconvención (1390-Bis-41)

El juez calificará las preguntas. Éstas se formulan libremente respecto de hechos propios del declarante y que sean objeto del debate

Interrogatorio que en el acto de audiencia se formula (1390-Ter-14)

Apercibimiento de que se tendrán por ciertos los hechos, salvo prueba en contrario, si no se asiste o no conteste dicha preguntas.

PRUEBA TESTIMONIAL
Arts. 1390 Bis 42, 43, 1390 Ter 14 Código de Comercio

Es obligación de las partes presentar a sus testigos

Se entregan al oferente las cédulas de notificación. Con dos días de anticipación sin tomar en cuenta el día del desahogo. Si bajo protesta de decir verdad dice no puede presentarlos, pedirá se cite. Apercibimiento: uso de la fuerza pública y arresto hasta por 36 horas

Si no asiste el testigo se hará efectivo el apercibimiento y se reprograma la audiencia

Si no se logra la presentación de los testigos se declara desierta dicha probanza. Si el domicilio es inexacto o de comprobarse que se solicitó la citación para retardar el procedimiento se impondrá sanción al oferente (1067 Bis) despachándose auto de ejecución, sin perjuicio de la falsedad en que se hubiese incurrido

PRUEBA TESTIMONIAL
Art. 1390 Bis 43 Código de Comercio

- Se rige por el Capítulo IV. Título Especial. Es incompatible la reconvención (1390-Bis-41)
- Interrogatorio oral que en el acto de audiencia se formula
- El juez calificará las preguntas. Éstas se formulan libremente respecto de hechos propios del declarante y que sean objeto del debate
- Las preguntas deben ser claras y precisas, se rechazaran sin son ociosas o impertinentes
- El juez puede de oficio interrogar a los testigos para conocer la verdad sobre los puntos controvertidos

PRUEBA INSTRUMENTAL
Arts. 1390 Bis 44 Código de Comercio

Los registros del juicio oral serán instrumentos públicos que hacen prueba plena	Se contienen los actos de la audiencia o diligencia correspondiente, las personas que intervinieron, y resoluciones del juez

OBJECIÓN E IMPUGNACIÓN DE DOCUMENTOS
Art. 1390 Bis 45, 46, 48 Código de Comercio

- Los documentos presentados por las partes pueden ser **objetados** en cuanto al alcance y valor probatorio en la etapa de admisión de pruebas en la audiencia preliminar
  - Los presentados con posterioridad deben ser durante la audiencia en que se ofrezcan

- **La impugnación** de falsedad de un documento exhibido con la demanda, se opondrá como **excepción** en la contestación y nunca después con excepción de ser superveniente
  - Deben ofrecerse pruebas, si es pericial se dará vista a la contraria. Se resolverá en la audiencia preliminar y sin lugar a la impugnación vía incidental
  - Si es en contestación a la demanda o con posterioridad a la fijación de la lítis se hará mediante **incidente oral**

PRUEBA PERICIAL
Arts. 1390 Bis 46, 47 y 48 Código de Comercio

- Ofrecimiento en escritos iniciales de manera clara y precisa
- En la demanda o contestación
- Relacionarla con los hechos y si no se hace se desechará
- Es vía excepción, en su caso, por impugnación de falsedad, es incidente oral

DR. JOSÉ LUIS CASTILLO SANDOVAL

PRUEBA PERICIAL
Arts. 1390 Bis 46, 47, 48 Código de Comercio

- Aceptación y exhibición del dictamen en la audiencia de juicio
- Designación de peritos, interrogatorio y ampliación

PRUEBA PERICIAL
Arts. 1390 Bis 46, 47 y 48 Código de Comercio

- Si hay omisión en dicha exhibición opera la preclusión y se desahoga con el dictamen rendido
- Si ninguno de los peritos lo exhibe se deja de recibir la pericial (desierta)
- Si son contradictorios y no aportan elementos de convicción el juez nombrará perito tercero en discordia, debiendo notificarse para que dentro del plazo de 3 días acepte y proteste el cargo conferido y señalar el monto de sus honorarios en términos de la legislación correspondiente o, en su defecto lo que determine, mismos que deben ser autorizados por el juez, los que cubrirán las partes en igual proporción

El nuevo Juicio Ejecutivo Mercantil Oral

PRUEBA PERICIAL
Arts. 1390 Bis 46, 47 y 48 Código de Comercio

- Los peritos asistirán a la audiencia de juicio
- Expondrán brevemente sus conclusiones
- Responderán a las preguntas que les formulen las partes o el juez

PRUEBA PERICIAL
Arts. 1390 Bis 46, 47 y 48 Código de Comercio

- Acreditaran su calidad técnica, artística o científica
- Si no asisten se tendrá por no rendido el dictamen
- Si no asiste, al tercero se le dictará auto de ejecución por el monto en que cotizó sus servicios en favor de las partes

PRUEBA PERICIAL
Arts. 1390 Bis 46, 47 y 48 Código de Comercio

Si el perito tercero en discordia no rinde su dictamen el juez designará otro perito tercero suspendiendo la audiencia para el desahogo de dicha prueba

Comentario:

1. Cuando la pericial se ofrezca de manera impertinente, el juez la desechará de plano

2. Si se impugna de falsa una firma(s), la prueba pertinente es la pericial en Caligrafía y Grafoscopía. Si se impugna en su totalidad o parte del documento, lo será en Documentoscopía, si es en una huella, en Dactiloscopía

PRUEBA PERICIAL
Arts. 1390 Bis 46, 47 y 48 Código de Comercio

Comentario

Si las partes no exhiben el pago de los honorarios del perito tercero en un 50% cada una, a solicitud de dicho experto, podrá el juez ordenar su pago con apercibimiento a cada contendiente omiso en términos del artículo 1067 Bis, del Código de Comercio, que impondrá en caso de desacato a un mandato judicial, en razón de que dicho perito es un auxiliar en la administración de justicia, sanción que puede ser multa o arresto hasta por 36 horas

El nuevo Juicio Ejecutivo Mercantil Oral

PRUEBA SUPERVENIENTE
Art. 1390 Bis 49 Código de Comercio

- No se admitirán documentos a las partes, solo cuando:
- Sean de fecha posterior a dichos escritos
- Se manifestará bajo protesta de decir verdad que no se tuvo conocimiento de su existencia
- Que no era posible adquirir con anterioridad, por causas no imputables a dicho interesado

PRUEBA SUPERVENIENTE
Art. 1390 Bis 49 Código de Comercio

- Cuando se tenga conocimiento de una prueba documental superveniente...
- Deberá ofrecerla antes de que se declare visto el asunto y el juez haya oído a la parte contraria, ahí se resolverá lo conducente

DE LA EJECUCIÓN
Art. 1390 Ter 15 Código de Comercio

La ejecución de los convenios celebrados ante los Jueces de Proceso Oral Civil-Mercantil, y de las resoluciones dictadas por éstos conforme a éste Título, se hará en los términos previstos para la ejecución de los Juicios Ejecutivos reguladas en el Título Tercero (reglas generales), así como en el Título Primero del Libro Quinto de este Código de Comercio. La autoridad federal o local debe impedir que el litigante condenado evada su cumplimiento

Temas selectos

Temas selectos
y
JURISPRUDENCIA

LA FALSEDAD IDEOLÓGICA

Previo al tema, debe precisarse que con las excepciones contenidas en ley, los pagarés son títulos de crédito con el carácter de ejecutivos y traen aparejada ejecución al ejercitarse el derecho literal que en los mismos se consigna, y no requieren de ninguna otra prueba para cobrarlos, sino la sola exhibición en la demanda de dicho documento.

- Se presenta la demanda, se admite, es un auto de exequendo, que consiste en requerir de pago al deudor, quien tiene el derecho de señalar bienes para embargo, si no lo hace, pasa el derecho al acreedor y éste procede a señalarlos, los que quedan embargados, y en ese acto se emplaza al citado deudor para que liquide la deuda

DR. JOSÉ LUIS CASTILLO SANDOVAL

Establecida dicha regla general, porque no se olvide que en dicho contradictorio, el demandado tiene el derecho de defensa y opone *excepciones y defensas*, por eso, en el tema de la falsedad, en algunos casos, un título de crédito es manufacturado utilizando parte de una hoja en blanco con firma original del deudor, la hoja está cortada, los márgenes superior e inferior no son coincidentes en sus mediciones, donde se aprecia el corte de la hoja natural, la firma contenida en dicho recorte es antigua, y no corresponde a la fecha en que fue plasmada, el color del papel tiene una variación por el transcurso del tiempo en que fue firmado, comparada con el papel reciente, para así llenar el formato del pagaré donde aparentemente cumple con todos los requisitos de ley para tener el carácter de ejecutivo, y se utiliza en el ámbito judicial para cobrarlo. A dicha conducta malévola se le denomina **falsedad ideológica**

La Maestra Elsa J. Zapata Castillo, perito en Documentos Cuestionados, nos relata y detalla en una de sus publicaciones en el periódico "La Prensa" ***La falsedad ideológica, requiere de tres elementos a saber: la corrupción de la verdad, la intención dolosa, y que se trate de dañar a un tercero.***

- *Por eso reitera, diversos autores precisan que la falsedad ideológica es una mutación de la verdad. Cuando una persona presenta ante la autoridad un documento como auténtico, a sabiendas, de que fue creado aprovechando las firmas que estaban en un documento en blanco y que el texto fue posterior a la firma del interesado, es un ilícito.*

El nuevo Juicio Ejecutivo Mercantil Oral

Ejemplo: una persona deja a su colega, secretaria o amigo, unas hojas firmadas en blanco, para que pueda realizar trámites específicos y, ésta persona, aprovecha tal circunstancia para llenarlo a su conveniencia confeccionando un "pagaré" por lo que no existe una deuda real, éste hecho da origen a la falsedad ideológica.

El Documentologo José del Picchia en su libro: Tratado de Documentoscopia (La falsedad documental), impreso en 1993, menciona que el número de personas que firman un documento en blanco, es cada vez mayor de lo que imaginamos

Dicho experto precisa que el exceso de confianza puede ser una puerta abierta al fraude que genera que éste tipo de ilícitos aumente.

- Para descubrir tal alteración física en el documento dubitado, se requiere del perito en Documentoscopía, para que en razón a la experiencia, indagación minuciosa y detallada, aplicación estricta de las reglas documentoscópicas e instrumental de precisión con el que se compruebe que antes del texto, **ya estaba la firma,** lo cual invalida la natural confección de un documento, dado que para firmar cualquier tipo de documento, es imprescindible **conocer el contenido,** o sea, que **el texto sea primero y después la firma.**

DR. JOSÉ LUIS CASTILLO SANDOVAL

Por los inconvenientes que este tipo de circunstancia requiere, le incumbe solo al experto determinar si es factible, o no, evidenciar la falsificación ideológica. La metodología que se emplee para tal faena resulta de suma importancia para descubrir las acciones fraudulentas desde el enfoque técnico-científico.

Es generalizado que tales maniobras las realicen personas que están muy cerca del interesado, pues son ellos/as, quienes tienen acceso a tal información

Así, la Mtra. Zapata, quien también es perito en Grafoscopía, Caligrafía, y Grafología, y en su libro denominado **"El Reconocimiento judicial de la Grafología como técnica"** explica y refiere en el ámbito técnico de la pericial en documentoscopía un concepto o denominación de la falsedad ideológica, la que se transcribe como sigue:

- *"La falsedad ideológica comprende la mentira escrita en ciertas condiciones que se enumeran en los varios supuestos punibles. A diferencia de la falsificación, en que lo cuestionado es la autenticidad,* **en la falsedad ideológica siempre la realización externa es real y el documento está confeccionado por quien corresponde y en la forma que es debida...**

El nuevo Juicio Ejecutivo Mercantil Oral

> La contradicción punible resulta porque esa correcta exteriorización genera una desfiguración de la verdad objetiva que se desprende del texto. Se ve entonces que además de tratarse de un tipo de falsificación de cuyo más complejo que los materiales, es preciso que se delimiten, asimismo, las otras condiciones para que esa mentira merezca sanción. Esta falsedad se encuentra en un acto exteriormente verdadero, cuando contiene declaraciones mendaces; y se llama ideológica precisamente porque el documento no es falso en sus condiciones esenciales, pero si son falsas las ideas que en él se quieren afirmar como verdaderas, resultando un documento auténtico en su forma pero falso en su contenido"

Zapata Castillo, Elsa J., *El reconocimiento Judicial de la Grafología como técnica*. Caligrafía, Grafoscopía, Documentoscopía y Actividades didácticas. Editorial INADEJ, Diseño Editorial Heiddy Castillo Zapata, 2018, México, pp. 340, 341

En el Diccionario Jurídico pericial del documento escrito, de *Francisco Viñal Carrera y Ma. Luz Puente Balsells*, se precisa el concepto de FALSEDAD IDEOLÓGICA:

- *Falsedad Ideológica. Der. Falta de Correspondencia entre el mensaje ideal que su creador quiere consignar y el contenido real o finalmente expresado en el documento. Dicha modalidad puede darse por errores en las actas o en documentos notariales donde sea interpretado erróneamente una manifestación y constituye delito si existe mala fe o la verdad se ha tergiversado conscientemente. Falsificación*

DR. JOSÉ LUIS CASTILLO SANDOVAL

José del Picchia (hijo) Celso del Picchia en su libro ***Tratado de documentoscopía (La Falsedad Documental)*** refiere que:

- *La falsedad está en aquello inserto indebidamente en el texto. Es la razón por la cual se acostumbra encuadrar esos casos dentro de las llamadas falsedades ideológicas. Un caso relativamente análogo se produce cuando alguien recorta las firmas asentadas en un documento confeccionando un nuevo título, sea aprovechando espacios en blanco o en el reverso del mismo recorte.*
  - Del Picchia (hijo) Celso del Picchia, Tratado de Documentoscopía. (La falsedad documental), Ed. La Rocca, Buenos Aires, 1993, p. 398

Por lo que, la pericial idónea para acreditar la falsedad ideológica es en Documentoscopía, al ser una prueba de apreciación y de libre convicción para el juzgador, con dicha probanza, se podrá apreciar la temeridad, mala fe y el dolo con que se conduce el falsario, y al valorarla podrá absolver al demandado y condenar al actor en el pago de las costas procesales al exhibir un documento respecto de una deuda que no existe, tratando de lograr su pago, o bien enriquecerse sin justa causa

Sobre ese tema, también hay casos de excepción, en razón de que la **FALSEDAD IDEOLÓGICA O SUBJETIVA**, existe **cuando en un título de crédito las partes hacen constar en él, algo que en realidad no sucedió.**

- Este criterio, *no es aplicable a los contratos de apertura de crédito adicional* que las personas celebran con un banco para que éste ponga a su disposición el crédito necesario para cubrir los intereses causados derivados de otro contrato bancario celebrado en el mismo instrumento o en uno distinto.

JURISPRUDENCIA POR CONTRADICCIÓN 31/98
QUE LE DA SUSTENTO AL COMENTARIO ALUDIDO

Época: Novena Época. Registro: 195330. Instancia: Pleno. Tipo de Tesis: **Jurisprudencia.** Fuente: Semanario Judicial de la Federación y su Gaceta. Tomo VIII, Octubre de 1998. Materia(s): Civil. Tesis: P./J. 58/98. Página: 366. **APERTURA DE CRÉDITO ADICIONAL PARA EL PAGO DE INTERESES CAUSADOS, PACTADA EN EL MISMO INSTRUMENTO O EN OTRO. SU APROVECHAMIENTO NO IMPLICA LA EXISTENCIA DE FALSEDAD IDEOLÓGICA O SUBJETIVA.** En la tesis publicada en el Semanario Judicial de la Federación, Séptima Época, Cuarta Parte, Tomo 163-168, página 117, la anterior Tercera Sala de esta Suprema Corte ha establecido, con base en el artículo 8o., fracción VI, de la Ley General de Títulos y Operaciones de Crédito, que existe falsedad ideológica o subjetiva cuando en un título de crédito las partes hacen constar en él, algo que en realidad no sucedió. ...

DR. JOSÉ LUIS CASTILLO SANDOVAL

> ... Este criterio, sin embargo, no es aplicable a los contratos de apertura de crédito adicional que las personas celebran con un banco para que éste ponga a su disposición el crédito necesario para cubrir los intereses causados derivados de otro contrato bancario celebrado en el mismo instrumento o en uno distinto; la inaplicación deriva no sólo del hecho de que la apertura de crédito es una figura jurídica distinta de un título de crédito, sino también y fundamentalmente, de que en aquel contrato las partes hicieron constar lo que sucedió en la realidad y que, en su oportunidad, tuvo plena y válida ejecución, sin que sea obstáculo para esta conclusión el hecho de que no se haya entregado materialmente al acreditado el dinero para pagar los intereses, sino que solamente se hayan efectuado asientos contables por el acreditante, ya que aquél recibió, de igual manera, el beneficio de ver ...

> ... pagados los intereses a su cargo, además de que siendo el contrato de naturaleza consensual, no requiere para su perfeccionamiento de la entrega del dinero, y de que el artículo 52 de la Ley de Instituciones de Crédito permite esta clase de asientos y les da, en su caso, efectos liberatorios."

FALSEDAD, SIMULACIÓN Y FALSEDAD IDEOLÓGICA, SUS DIFERENCIAS

- Tratándose de un documento público, **la falsedad** radica en que se vicia la materialidad de la escritura.
- A diferencia de la **simulación**, en ésta, los contratantes fingen o alteran la verdad subjetiva del consentimiento manifestado, declarando una cosa no querida o no querida de aquel modo.
- La doctrina jurídica distingue otra especie de **falsedad, la llamada *ideológica* o *intelectual***, que consiste en *el testimonio mentido del funcionario público, cuando afirma que ocurrieron en su presencia hechos que no son verdaderos*

FALSEDAD, SIMULACIÓN Y FALSEDAD IDEOLÓGICA. DIFERENCIAS

Época: Quinta Época. Registro: 384396. Instancia: Sala Auxiliar. Tipo de Tesis: Aislada. Fuente: Semanario Judicial de la Federación. Tomo CXXV. Materia(s): Administrativa. **Tesis:** Página: 1338. **FALSEDAD Y SIMULACION.** La doctrina jurídica precisa la diferencia que hay entre los conceptos de falsedad y de simulación afirmando que la falsedad vicia la materialidad de la escritura, alterando, raspando, borrando o modificando la parte gráfica del documento cuya fuerza probatoria se pretende modificar, no así la simulación, donde los contratantes fingen o alteran la verdad subjetiva del consentimiento manifestado, declarando una cosa no querida o no querida de aquel modo. Mas *la propia doctrina jurídica distingue otra especie de falsedad llamada ideológica o intelectual, que consiste en el testimonio mentido del funcionario público, cuando afirma que ocurrieron en su presencia hechos que no son verdaderos.*

LA FALSEDAD IDEOLÓGICA: CUESTIONARIO

- La experta en documentos cuestionados Mtra. Elsa J. Zapata Castillo, nos ilustra con la forma en que se ofrece la pericial en documentoscopía y el cuestionario respectivo con relación al ejemplo precisado con antelación, al impugnar el título de crédito, debiendo ofrecerse la prueba como sigue:
- "1.- **LA PRUEBA PERICIAL EN DOCUMENTOSCOPÍA** a cargo de la perito ELSA J. ZAPATA CASTILLO, quien al aceptar y protestar su cargo de perito acreditará dicha calidad de experta en documentoscopía, con domicilio en la calle de ------- Col. ------, Alcaldía antes Delegación-------, C.P. --------, de la Ciudad de México, con antecedentes técnicos y científicos como experta Universitaria en Grafología y Neuroescritura, y de cuyo título expedido ...

... por la Universidad Europea del Atlántico, en Santander España el 3 de abril del 2017, Constancia de Acreditación de la Asociación Nacional de Licenciados en Criminalística y Criminología, en curso universitario de especialización nivel II: Fundamentos técnicos y científicos para la argumentación oral en la defensa del dictamen pericial (2014), igualmente, Diploma de Formación específica en Grafología-Grafopsicología II (2013); Diploma en Pericia Caligráfica Judicial (2013) ambos, expedidos por el Instituto de Grafología Analítica, Asturias, España, en plataforma virtual ON-LINE; Perito Auxiliar de la Administración de Justicia del Poder Judicial de la Federación con número de registro P68/2003 en materias de Grafoscopía, Grafología y Documentoscopía (2003-2010), Auxiliar de la Administración de Justicia en el Tribunal Superior de Justicia ...

El nuevo Juicio Ejecutivo Mercantil Oral

... del Distrito Federal hoy Ciudad de México en las materias de Grafología y Grafoscopía, publicado en el boletín de fecha 31 de marzo de 1995. Diplomado en Criminalística emitido por la Universidad del Valle de México, y constancia del segundo Seminario en Pericia gráfica judicial en Grafología, Grafoscopía y Caligrafía, entre otros estudios. Autora de diversos libros sobre Grafología, así como capacitadora externa reconocida por la Secretaría del Trabajo y previsión social desde 2010 a la fecha.

Manifestando bajo protesta de decir verdad que conoce los pormenores de la pericial a su cargo.

Solicitando que la parte actora exhiba documentos oficiales originales como lo son credencial de elector, pasaporte, licencia de conducir, contrato de servicio de ...

... energía eléctrica, teléfono, crédito, hipoteca, mutuo, etc., donde se encuentre plasmada firma autógrafa, cuya temporalidad oscile entre tres y cuatro años antes y después de la fecha que se contiene en el documento dubitado, y se le aperciba a dicha actora que de no exhibirlos dentro del término de tres días, se tengan por ciertos los hechos de que el documento fue manufacturado sin la autorización de la demandada, e inexistente la deuda contenida en el mismo al utilizarse la firma que se hallaba plasmada en hoja en blanco. También se solicita exhiban escritos de temporalidad variada, para realizar el cotejo de las características del papel con el documento dubitado. Solicito que el término para la rendición del dictamen a su cargo, corra a partir de que cuente con dichos elementos de cotejo.

LA FALSEDAD IDEOLÓGICA: CUESTIONARIO
se dará respuesta a las siguientes preguntas:

1. Que diga la perita, teniendo a la vista el documento base de la acción, cuáles son las medidas de los márgenes izquierdo, derecho, superior e inferior.
2. Que mencione la perita, si se advierte corte o mutilación en alguno de los márgenes de la hoja y, cómo se puede advertir tal circunstancia, desde el aspecto técnico-científico de su especialidad.
3. Que explique la perita, si conforme a las características gráficas de la firma plasmada en el documento dubitado, existen vestigios de aprovechamiento de firma en blanco, y cuáles son las características de tal aseveración.
4. Que indique la perita, si de los documentos auténticos exhibidos como elementos de cotejo en las firmas del señor (a)... se encuentran plasmadas invadiendo líneas o letras de texto dactilográfico. Que las señale y precise.
5. Que mencione la perita, de qué color es el papel del documento dubitado.

6. Que diga la perita, comparando el color del papel de los documentos indubitados del año 2012 al 2016, si el color del papel del documento dubitado es similar o, no y la razón técnica de ello.
7. Indicará la perita, la definición técnica de "falsedad ideológica" y, si de su estudio se desprende que el documento dubitado tiene o no, tales características.
8. Que explique la perita, las características de tintas en cuánto apariencia, absorción, compactación y espacios en blanco que deben tener las firmas recientes (no más de tres años) desde el aspecto técnico- científico de la documentoscopía.
9. Que mencione la perita, desde el aspecto técnico-científico, las diferencias entre firmas plasmadas recientemente (no más de tres años) y aquellas que tienen más de esa temporalidad.
10. Dirá la perita, en cuál de las clasificaciones anteriores se ubica la firma del documento dubitado.
11. Mencione el instrumental y métodos que utilizó para la elaboración de su dictamen.
12. Dirá sus conclusiones.

El nuevo Juicio Ejecutivo Mercantil Oral

NOTA INFORMATIVA:

- Es indispensable realizar estudio de *historial gráfico* de la persona a quien se atribuye el documento, porque, siendo *auténtica* la firma, debe de ubicarse la temporalidad, para comprobar que el texto y fecha que están plasmados en el documento dubitado no corresponden a las características gráficas del tiempo en que se firmó, sino que fue suscrita *primero la firma y después el texto*, siendo anormal la confección del mismo. porque, por conforme a la técnica documentoscópica: *la normal confección de un documento es en un formato de pagaré o en una hoja de papel sin recortes desde el margen superior hacia el inferior para que la persona que firma al final, esté enterada de su contenido antes de firmar. Además de encontrar otros vestigios de alteración física del documento*, al realizar el análisis respectivo del documento dubitado.

Esta prueba la relaciono con los hechos del 1 al 7, y con la que pretendo acreditar que el documento fue manufacturado antes de la firma e inexistente la deuda contenida en el mismo, al utilizarse y aprovecharse la firma en hoja en blanco, que dicho documento fue recortado, que los márgenes no son coincidentes en sus mediciones, y en comparación con las hojas blancas que se exhiben existe un cambio de color en cuanto a la temporalidad en que fue elaborado".

DR. JOSÉ LUIS CASTILLO SANDOVAL

LA FALSEDAD IDEOLÓGICA:
Comentario

La probanza debe admitirse en la audiencia preliminar, de conformidad con los artículos 1390 Bis 32, 1390 Bis 37, 1390 Bis 46, y 1390 Bis 48 del Código de Comercio, debiendo desahogarse en la *audiencia de juicio* donde los peritos exhiben su dictamen.

Los peritos expondrán verbalmente sus conclusiones y deberán responder a las preguntas que el juez o las partes les formulen. En dicha audiencia deberán exhibir el original o copia certificada de la cédula profesional o documento donde acrediten la calidad técnica, científica, artística o industrial para el que fueron propuestos.

MEDIDAS PRECAUTORIAS

EN LOS JUICIOS EJECUTIVOS MERCANTILES ORALES, POR SU NATURALEZA JURÍDICA ES OBVIO QUE NO EXISTEN MEDIDAS CAUTELARES. No obstante, al tratarse de algunos temas selectos en la materia mercantil, se desarrolla el tema como sigue:

- **MEDIDAS CAUTELARES:** Las medidas cautelares no constituyen actos privativos, por lo que para su imposición no rige la garantía de previa audiencia, precisamente porque son *sin citación a la contraria* y sus efectos son resoluciones provisionales que son accesorias y sumarias; **accesorias**, en tanto la privación no constituye un fin en sí mismo; y **sumarias**, debido a que se tramitan en plazos breves; y cuyo objeto es, previendo el peligro en la dilación, suplir interinamente la falta de una resolución asegurando su eficacia

MEDIDAS PRECAUTORIAS
JURISPRUDENCIA

Época: Novena Época. Registro: 196727. Instancia: Pleno. Tipo de Tesis: **Jurisprudencia**. Fuente: Semanario Judicial de la Federación y su Gaceta. Tomo VII, Marzo de 1998. Materia(s): Constitucional, Común. Tesis: P./J. 21/98. Página: 18. **MEDIDAS CAUTELARES. NO CONSTITUYEN ACTOS PRIVATIVOS, POR LO QUE PARA SU IMPOSICIÓN NO RIGE LA GARANTÍA DE PREVIA AUDIENCIA**. Conforme a la jurisprudencia de la Suprema Corte de Justicia de la Nación, la garantía de previa audiencia, establecida en el segundo párrafo del artículo 14 constitucional, únicamente rige respecto de los actos privativos, entendiéndose por éstos los que en sí mismos persiguen la privación, con existencia independiente, cuyos efectos son definitivos y no provisionales o accesorios. Ahora bien, las medidas cautelares constituyen resoluciones provisionales que se ...

... caracterizan, generalmente, por ser accesorias y sumarias; accesorias, en tanto la privación no constituye un fin en sí mismo; y sumarias, debido a que se tramitan en plazos breves; y cuyo objeto es, previendo el peligro en la dilación, suplir interinamente la falta de una resolución asegurando su eficacia, por lo que tales medidas, al encontrarse dirigidas a garantizar la existencia de un derecho cuyo titular estima que puede sufrir algún menoscabo, constituyen un instrumento no sólo de otra resolución, sino también del interés público, pues buscan restablecer el ordenamiento jurídico conculcado desapareciendo, provisionalmente, una situación que se reputa antijurídica; por lo que debe considerarse que la emisión de tales providencias no constituye un acto privativo, pues sus efectos provisionales quedan sujetos, ...

> ... indefectiblemente, a las resultas del procedimiento administrativo o jurisdiccional en el que se dicten, donde el sujeto afectado es parte y podrá aportar los elementos probatorios que considere convenientes; consecuentemente, para la imposición de las medidas en comento no rige la garantía de previa audiencia.

MEDIDAS CAUTELARES

> Los jueces de amparo deben tomar en cuenta que las medidas cautelares *buscan proteger que no se quede sin materia el juicio de origen* y que la suspensión tiene la misma finalidad respecto al juicio de amparo.

- Sin embargo, la Ley de Amparo privilegia la libertad judicial para que se analicen todas las particularidades del caso y se evalúe si procede la suspensión, por lo tanto, serán las circunstancias de cada caso las que determinen si debe concederse la suspensión solicitada.

> Será responsabilidad del juzgador federal dar vista al quejoso del contenido de las medidas cautelares, pero la consecuencia es que dichas medidas cautelares perderán su eficacia legal en razón de que el deudor al enterarse de los bienes embargados precautoriamente, es obvio que buscará colocarse en insolvencia, violentándose un precepto terminante de la ley ordinaria que autoriza a la autoridad jurisdiccional conceder dicha medida cautelar sin citación a la contraria

MEDIDAS CAUTELARES
JURISPRUDENCIA

Época: Décima Época. Registro: 2014802. Instancia: Primera Sala. Tipo de Tesis: **Jurisprudencia.** Fuente: Semanario Judicial de la Federación. Publicación: viernes 04 de agosto de 2017 10:12 h. Materia(s): (Común). Tesis: 1a./J. 53/2017 (10a.) **SUSPENSIÓN DEFINITIVA. HAY CASOS EN LOS QUE ES POSIBLE OTORGARLA CONTRA MEDIDAS CAUTELARES DICTADAS EN PROCESOS CIVILES O MERCANTILES.** De la Constitución y de la Ley de Amparo se desprende que para que proceda la suspensión definitiva a petición de parte se deben cumplir con estos requisitos: 1. Que la solicite el quejoso; 2. Que los actos reclamados cuya paralización se solicita sean ciertos; 3. Que la naturaleza de los actos reclamados permita su suspensión; y 4. Que no se siga perjuicio al interés social ni se contravengan disposiciones de orden público, análisis que ...

... debe realizarse de modo ponderado con la apariencia del buen derecho. Por lo tanto, los daños y perjuicios que se puedan causar al quejoso con la ejecución del acto no son un requisito para otorgar la suspensión. En este orden de ideas, esta Primera Sala advierte que podrían existir casos en los que las medidas cautelares puedan ser suspendidas, lo cual, claramente no significa que siempre deba concederse la suspensión contra medidas cautelares. En efecto, el hecho de que el Código de Comercio y el Código Federal de Procedimientos Civiles prevean una garantía para indemnizar los daños y perjuicios que ocasione la medida cautelar no es una razón suficiente para sostener que en ningún caso las medidas cautelares pueden ser suspendidas. ...

... Por último, los jueces de amparo deben tomar en cuenta que las medidas cautelares buscan proteger que no se quede sin materia el juicio de origen y que la suspensión tiene la misma finalidad respecto al juicio de amparo. Sin embargo, la Ley de Amparo privilegia la libertad judicial para que se analicen todas las particularidades del caso y se evalúe si procede la suspensión, por lo tanto, serán las circunstancias de cada caso las que determinen si debe concederse la suspensión solicitada.
...

PROVIDENCIAS PRECAUTORIAS

LAS PROVIDENCIAS PRECAUTORIAS EN LA MATERIA MERCANTIL SON SECRETAS POR QUE SON SIN CITACIÓN A LA CONTRARIA

- En el tema cautelar, me permito reiterar y precisar cuáles son los requisitos esenciales para la concesión y levantamiento de las providencias precautorias, en razón de que las mismas están encaminadas a evitar que se lesione el patrimonio de una persona, y de que éstas pueden promoverse antes del juicio, o ya iniciado éste, las que se rigen por el Código de Comercio y en el Código Federal de Procedimientos Civiles, así, opera el arraigo de persona, el embargo cautelar de bienes, o bien se mantenga una situación de hecho existente como la ejecución de un acto o la celebración de un contrato, y en el ámbito jurisdiccional, la función del juzgador es garantizar que la sentencia que se llegue a dictar pueda ejecutarse poniendo fin a todo obstáculo que dificulte o impida la ejecución de una condena

PROVIDENCIAS PRECAUTORIAS. DESARROLLO:

- **Primero).-** Por su naturaleza secreta se solicita se forme un cuaderno y éste se realiza por cuerda separada.
- **Segundo).-** Si se trata de **un acto prejudicial**, se cumple con lo siguiente: a).- El promovente solicita la medida y acredita su necesidad; b).- El juez fija la fianza para que se garanticen los posibles daños y perjuicios; c).- El interesado exhibe la garantía; d).- El juzgador concede la providencia girando oficios y notificaciones para que se cumpla con dicha concesión; e).- El juez no ordena la notificación de citación a la persona a quien va dirigida.
- **Tercero).-** La solicitud de una providencia cuando ya se *inició el juicio* los pasos a seguir son:

a).- Se solicita se forme un cuaderno con las constancias pertinentes y éste se realiza por cuerda separada.

b).- El promovente solicita la medida;

c).- El juez, fija la fianza para garantizar los posibles daños y perjuicios;

d).- El interesado exhibe la garantía;

e).- El juzgador concede la providencia girando oficios y notificaciones para que se cumpla con dicha concesión;

f).- El juez ordena la notificación de citación a la persona a quien va dirigida. Lo anterior está complejamente descrito en los artículos 1168, 1177 y 1178 del Código de Comercio.

Lo anterior, en razón del legislador federal no fue claro en el trámite de la concesión de la medida y la notificación sin citación y con citación, por ello, se describen de manera detallada, pero su intención fue que una medida cautelar resulte eficaz para los fines para los que fueron creadas.

MEDIOS DE IMPUGNACIÓN RESPECTO DE DICHAS MEDIDAS:

MEDIDAS CAUTELARES: Aunque las medidas de aseguramiento sean apelables, ello, es la regla general, siempre que sea apelable la definitiva.

"Época: Décima Época. Registro: 2013162. Instancia: Plenos de Circuito. Tipo de Tesis: **Jurisprudencia.** Fuente: Gaceta del Semanario Judicial de la Federación. Libro 36, Noviembre de 2016, Tomo III. Materia(s): Común. Tesis: PC.I.C. J/40 C (10a.). Página: 1840. **MEDIDAS DE ASEGURAMIENTO EN MATERIA MERCANTIL. CONTRA LAS RESOLUCIONES QUE LAS DECRETAN PROCEDE EL RECURSO DE APELACIÓN, POR LO QUE AL RESPECTO NO OPERA LA EXCEPCIÓN AL PRINCIPIO DE DEFINITIVIDAD PREVISTA EN EL ÚLTIMO PÁRRAFO DE LA FRACCIÓN XVIII DEL ARTÍCULO 61 DE LA LEY DE AMPARO (RECURSO DE DUDOSA PROCEDENCIA**). Ante la disposición expresa del artículo ...

El nuevo Juicio Ejecutivo Mercantil Oral

> ... 1183 del Código de Comercio, en el sentido de que en contra de la resolución que decrete una providencia precautoria procede el recurso de apelación de tramitación inmediata en efecto devolutivo, en términos de los artículos 1339, 1345, fracción IV, y 1345 bis 1, del indicado ordenamiento, se desprende el principio de impugnabilidad previsto por el referido cuerpo normativo contra las resoluciones que decretan medidas cautelares en juicios de naturaleza mercantil, sin que exista supletoriedad en materia de recursos respecto del Código de Comercio, al tratarse de un ordenamiento completo en esa materia, como lo definió la entonces Tercera Sala de la Suprema Corte de Justicia de la Nación en la jurisprudencia 816 del Apéndice al Semanario Judicial de la Federación 1917-septiembre 2011, Tomo V, Civil, Volumen 1, Primera Parte, Suprema Corte de Justicia de la Nación, Tercera Sección, Mercantil, Subsección 2 Adjetivo, página 896, de rubro: "RECURSOS EN MATERIA MERCANTIL.";
> ...

> ... así como por el hecho de que no sería procedente la aplicación supletoria de la regla contenida en el artículo 384 del Código Federal de Procedimientos Civiles que establece la improcedencia de recurso alguno en contra de las resoluciones que concedan una medida de aseguramiento de las previstas en dicho artículo, por contraponerse con el artículo invocado en primer término.
>
> En esas condiciones, no existe duda en cuanto a la procedencia del recurso de apelación contra las medidas precautorias decretadas en un juicio mercantil, pues ello deriva de reglas claras señaladas tanto en la propia legislación mercantil, como en la jurisprudencia definida y vigente de la Suprema Corte de Justicia de la Nación, de ahí que no se actualice la excepción al principio de definitividad prevista por el artículo 61, fracción XVIII, segundo párrafo, de la Ley de Amparo, ya que no se requiere de interpretación adicional ni el fundamento aplicable resulta insuficiente para tener la certeza de su procedencia. ...

Una vez ejecutada la providencia el que pidió la medida debe acreditar haber presentado la demanda dentro del término de tres días. (Art. 1181)

- Si no se cumple con lo anterior, el juez de oficio *la revocará*. (Art. 1182)
- Contra la resolución que concede la medida procede el *recurso de apelación de tramitación inmediata en el efecto devolutivo, si es apelable la sentencia*. (Art. 1183)
- Es procedente el *recurso de reclamación por un tercero* cuando sus bienes sean objeto de secuestro, substanciándose por cuaderno separado (Art. 1184)
- Deben expresarse agravios, ofrecer pruebas, y darse traslado al promovente de la medida. (Art. 1185)

- Se programa audiencia para el desahogo dentro del término de 10 días (Art. 1186)
- Si fuera apelable la Sentencia Interlocutoria que resuelva la reclamación, se admitirá dicho recurso en el efecto devolutivo de tramitación inmediata.
- En dicha resolución interlocutoria donde se resuelve el recurso de reclamación se levanta la medida. (Art. 1187)

Nota: Los preceptos legales son del Código de Comercio.

JURISPRUDENCIA Y CRITERIOS FEDERALES ORIENTADORES:

DEPOSITARIOS JUDICIALES EN JUICIOS EJECUTIVOS MERCANTILES: Para resolver sobre el otorgamiento de la caución para garantizar su cargo Los depositarios judiciales e interventores con cargo a la caja en juicios ejecutivos mercantiles, procede aplicar supletoriamente la legislación procesal civil correspondiente. Epoca: Novena Época. Registro: 170787, Instancia: Primera Sala. Tipo de Tesis: **Jurisprudencia**. Fuente: Semanario Judicial de la Federación y su Gaceta. Tomo XXVI, Diciembre de 2007. Materia(s): Civil. Tesis: 1a./J. 152/2007 . Página: 79 **DEPOSITARIOS JUDICIALES E INTERVENTORES CON CARGO A LA CAJA EN JUICIOS EJECUTIVOS MERCANTILES. PARA RESOLVER SOBRE EL OTORGAMIENTO DE LA CAUCIÓN PARA GARANTIZAR SU CARGO PROCEDE APLICAR SUPLETORIAMENTE LA LEGISLACIÓN PROCESAL CIVIL CORRESPONDIENTE.** ...

... La supletoriedad de normas en materia mercantil sólo procede respecto de aquellas instituciones establecidas en el Código de Comercio cuya regulación sea nula o insuficiente; de ahí que si en sus artículos 1392 a 1395 se prevé la institución procesal del embargo de bienes, pero no se regulan los derechos y deberes de los depositarios de éstos, es aplicable supletoriamente la legislación procesal civil, local o federal, dependiendo de la fecha de inicio del proceso mercantil respectivo, a fin de resolver sobre el otorgamiento de la caución para garantizar el depósito de los bienes embargados en el juicio ejecutivo mercantil. Ello se confirma con lo estatuido en el artículo 1392 de dicha legislación mercantil, en el sentido de que los bienes embargados deben ponerse bajo la responsabilidad del acreedor, en depósito de persona nombrada por éste; y al tenor del artículo 1414 del citado Código, el cual señala ...

... que cualquier incidente o cuestión que se suscite en los juicios ejecutivos mercantiles debe resolverse por el juez con apoyo en las disposiciones respectivas del Título Tercero del propio ordenamiento legal, y en su defecto en lo relativo a los incidentes en los juicios ordinarios mercantiles, y a falta de ambas, a lo establecido en el Código de Procedimientos Civiles respectivo, en aras de procurar la mayor equidad entre las partes; por lo que si lo estima conducente o lo solicita justificadamente el embargado, el juez puede decretar la caución para que el depositario o interventor -que no sea el demandado- designado por el actor responda del secuestro con fundamento en las disposiciones legales aplicables de la legislación procesal civil correspondiente. **Contradicción de tesis 140/2006-PS.**

PAGARÉ

Corresponde a la parte demandada la carga de probar que ya realizó el pago total del adeudo o bien que, en su caso, es menor al reclamado, aun cuando sea una cantidad inferior a la contenida en aquél. Época: Novena Época. Registro: 163772. Instancia: Primera Sala. Tipo de Tesis: **Jurisprudencia**. Fuente: Semanario Judicial de la Federación y su Gaceta. Tomo XXXII, Septiembre de 2010. Materia(s): Civil. Tesis: 1a./J. 62/2010. Página: 136. **PAGARÉ. CORRESPONDE A LA PARTE DEMANDADA LA CARGA DE PROBAR QUE YA REALIZÓ EL PAGO TOTAL DEL ADEUDO O BIEN QUE, EN SU CASO, ES MENOR AL RECLAMADO, AUN CUANDO SEA UNA CANTIDAD INFERIOR A LA CONTENIDA EN AQUÉL.** En un juicio ejecutivo mercantil en el que se ejercita la acción cambiaria directa derivada de un pagaré, conforme a los artículos 151 y 152 de la Ley General de Títulos y Operaciones de Crédito, y 1391 del ...

El nuevo Juicio Ejecutivo Mercantil Oral

> ... Código de Comercio, para que el juzgador despache auto de ejecución debe revisar, de oficio, si es procedente o no la vía intentada, mediante el análisis del documento base de la acción, para verificar que satisfaga los requisitos a que se refiere el artículo 170 de la indicada Ley, entre ellos, que contenga una cantidad cierta, líquida y exigible. Ahora bien, la certeza y liquidez de la deuda no se pierde por el hecho de que el pagaré señale una cantidad mayor a la reclamada, sin constar en él la anotación de haberse realizado algún pago parcial, como lo estipula el artículo 130 del citado ordenamiento; pues atendiendo a los principios de incorporación y literalidad que rigen a los títulos de crédito, lleva incorporado el derecho del actor hasta por el monto que consigna, estableciendo la presunción de que ésta es la medida del derecho del accionante. ...

> ... Esas características del pagaré, como título de crédito, hacen que represente una prueba preconstituida del derecho literal que contiene, cuyo ejercicio sólo está condicionado a su presentación. Por tanto, en caso de que por cualquier circunstancia, el actor reclame una cantidad menor a la mencionada en ese documento, corresponde al demandado la carga de probar, en el momento procesal oportuno, que ya realizó el pago del adeudo, o bien que, en su caso, éste es menor al reclamado; pues sólo de esa manera podrá contradecir o nulificar la presunción del derecho del actor incorporado en el título. Además, la circunstancia de que el accionante decida cobrar una cantidad inferior, es algo que no causa perjuicio alguno al demandado, toda vez que, en principio, se encuentra obligado a pagar aquella cantidad. **Contradicción de tesis 429/2009**

DR. JOSÉ LUIS CASTILLO SANDOVAL

TÍTULOS EJECUTIVOS:
Prueba preconstituída de la acción

Época: Novena Época, Registro: 192075. Instancia: Tribunales Colegiados de Circuito. Tipo de Tesis: **Jurisprudencia.** Fuente: Semanario Judicial de la Federación y su Gaceta. Tomo XI, Abril de 2000. Materia(s): Civil. Tesis: VI.2o.C. J/182. Página: 902. **TÍTULOS EJECUTIVOS, EXCEPCIONES CONTRA LA ACCIÓN DERIVADA DE LOS. CARGA DE LA PRUEBA.** De conformidad con lo dispuesto por el artículo 1391, primer párrafo y fracción IV, del Código de Comercio, los títulos de crédito como el pagaré tienen el carácter de ejecutivos, es decir, traen aparejada ejecución, luego, constituyen una prueba preconstituida de la acción ejercitada en el juicio, lo que jurídicamente significa que el documento ejecutivo exhibido por la actora, es un elemento demostrativo que en sí mismo hace prueba plena, y por ello si el demandado opone una excepción tendiente a destruir la eficacia del título, es a él y no a la actora a quien corresponde la carga de la ...

... prueba del hecho en que fundamente su excepción, precisamente en aplicación del principio contenido en el artículo 1194 de la legislación mercantil invocada, consistente en que, de igual manera que corresponde al actor la demostración de los hechos constitutivos de su acción, toca a su contraria la justificación de los constitutivos de sus excepciones o defensas; y con apoyo en el artículo 1196 de esa codificación, es el demandado que emitió la negativa, el obligado a probar, ya que este último precepto establece que también está obligado a probar el que niega, cuando al hacerlo desconoce la presunción legal que tiene a su favor su colitigante; en ese orden de ideas, la dilación probatoria que se concede en los juicios ejecutivos mercantiles es para que la parte demandada acredite sus excepciones o defensas, además, para que el actor destruya las excepciones o defensas opuestas, o la acción no quede destruida con aquella prueba ofrecida por su contrario.

TÍTULOS EJECUTIVOS
Dictamen de la CONDUSEF

El dictamen de la Comisión Nacional para la Protección y Defensa de los Usuarios de Servicios Financieros, sobre la notoria alteración o falsificación de la firma de un cheque **no constituye título ejecutivo** en razón de que el artículo 194, párrafo segundo, de la Ley General de Títulos y Operaciones de Crédito, en el cual se prevé la responsabilidad en que incurre el banco de cubrir los cheques ante la ausencia de fidelidad visual; es decir, la fuente deriva directamente de una circunstancia de carácter extracontractual consistente en la falta de cuidado, aunado a que la causa de pedir planteada por el usuario deriva de un hecho ilícito, consistente en la notoria falsificación de la firma que calza el título de crédito; considerar lo contrario, implicaría dotar a esa unidad administrativa de facultades para crear ...

... obligaciones extracontractuales o derivadas de la ley que la norma secundaria citada no le otorga, en contravención al derecho a la seguridad jurídica reconocido en los artículos 14 y 16 de la Constitución Política de los Estados Unidos Mexicanos.

DR. JOSÉ LUIS CASTILLO SANDOVAL

JURISPRUDENCIA
TÍTULOS EJECUTIVOS

Época: Décima Época. Registro: 2013165. Instancia: Plenos de Circuito. Tipo de Tesis: **Jurisprudencia**. Fuente: Gaceta del Semanario Judicial de la Federación. Libro 36, Noviembre de 2016, Tomo III. Materia(s): Civil. Tesis: PC.I.C. J/39 C. (10a.). Página: 2163. **TÍTULO EJECUTIVO. NO LO CONSTITUYE EL DICTAMEN DE LA COMISIÓN NACIONAL PARA LA PROTECCIÓN Y DEFENSA DE LOS USUARIOS DE SERVICIOS FINANCIEROS, SOBRE LA NOTORIA ALTERACIÓN O FALSIFICACIÓN DE LA FIRMA DE UN CHEQUE (ALCANCES DEL ARTÍCULO 68 BIS DE LA LEY DE PROTECCIÓN Y DEFENSA AL USUARIO DE SERVICIOS FINANCIEROS).** La hipótesis normativa que prevé el numeral mencionado se compone de cuatro elementos, consistentes en que: 1. La entidad financiera y el usuario no se sometan al arbitraje ante la Comisión Nacional para la Protección y Defensa de los Usuarios de Servicios Financieros; ...

...
2. El usuario solicite por escrito a dicha unidad administrativa que emita un acuerdo de trámite que contenga un dictamen; 3. La Comisión referida emita el dictamen, siempre que del expediente de reclamación obren los medios de convicción que le permitan suponer la procedencia de lo solicitado por el usuario -dictamen ordinario-; y, 4. Del expediente de reclamación se advierta una obligación contractual incumplida en favor del usuario y a cargo de la entidad financiera, para lo cual, el dictamen adquirirá la calidad de título ejecutivo. Pues bien, para que se actualice el último elemento, el dictamen siempre deberá estar apoyado de los medios de convicción que obren en el expediente de reclamación respectivo; así, la frase "obligación contractual incumplida, cierta, exigible y líquida" a que se refiere el segundo párrafo del artículo aludido, parte del supuesto de la ...

> ... existencia o comprobación de una relación o vínculo contractual entre la entidad financiera y el usuario, y que de ella derive una obligación cierta, exigible y líquida, de la cual pueda determinarse su incumplimiento; por tanto, la fuente de la obligación de pago la constituye el consentimiento de la entidad financiera y del usuario, lo que significa que la facultad de la Comisión, al emitir el dictamen, queda acotada a hacer constar la existencia de la obligación de pago y su incumplimiento -facultad declarativa-, y en caso de hacerse efectivo el título ejecutivo a través de una instancia judicial, en su desarrollo tendrá el afectado la oportunidad de ser oído en defensa y de ofrecer las pruebas que a su interés convenga. De ahí que la hipótesis normativa no se actualiza cuando el dictamen se emite con motivo del pago indebido de cheques por la notoria alteración o ...

> ... falsificación de firma del librador, pues la fuente de la obligación de cubrir al librador de los fondos que fueron incorrectamente cubiertos, no deriva directamente del consentimiento y objeto del contrato, sino de la sanción impuesta por el artículo 194, párrafo segundo, de la Ley General de Títulos y Operaciones de Crédito, en el cual se prevé la responsabilidad en que incurre el banco de cubrir los cheques ante la ausencia de fidelidad visual; es decir, la fuente deriva directamente de una circunstancia de carácter extracontractual consistente en la falta de cuidado, aunado a que la causa de pedir planteada por el usuario deriva de un hecho ilícito, consistente en la notoria falsificación de la firma que calza el título de crédito; considerar lo contrario, implicaría dotar a esa unidad administrativa de facultades para crear obligaciones extracontractuales o derivadas de la ley que ...

... la norma secundaria citada no le otorga, en contravención al derecho a la seguridad jurídica reconocido en los artículos 14 y 16 de la Constitución Política de los Estados Unidos Mexicanos. En consecuencia, si el usuario pretende que la institución bancaria le cubra las cantidades que se hubieran pagado por los cheques cuestionados, entonces, dependiendo de la cuantía del negocio, deberá ejercer la acción en la vía ordinaria mercantil en términos del artículo 1377 del Código de Comercio, o en la vía oral mercantil a que se refieren los numerales 1390 BIS y 1390 BIS 1 del mismo ordenamiento. PLENO EN MATERIA CIVIL DEL PRIMER CIRCUITO. **Contradicción de tesis 17/2016.**

TÍTULOS EJECUTIVOS. PÓLIZAS

- Las pólizas derivadas de un contrato de seguro **no son títulos ejecutivos** para efectos de la procedencia de la vía ejecutiva mercantil (interpretación del artículo 1391, fracción v, del código de comercio) en razón de que la Ley sobre el Contrato de Seguro y, la Ley General de Instituciones y Sociedades Mutualistas de Seguros no le otorgan un carácter ejecutivo a las indicadas pólizas. Por tanto, ante esa laguna legislativa la citada fracción V debe interpretarse en el sentido de que las pólizas de seguros no son títulos ejecutivos para efectos de la procedencia de la vía ejecutiva mercantil.

JURISPRUDENCIA.
TÍTULOS EJECUTIVOS. PÓLIZAS

Época: Novena Época. Registro: 164484. Instancia: Primera Sala. Tipo de Tesis: **Jurisprudencia**. Fuente: Semanario Judicial de la Federación y su Gaceta. Tomo XXXI, Junio de 2010. Materia(s): Civil. Tesis: 1a./J. 90/2009. Página: 30. **CONTRATO DE SEGURO. LAS PÓLIZAS NO SON TÍTULOS EJECUTIVOS PARA EFECTOS DE LA PROCEDENCIA DE LA VÍA EJECUTIVA MERCANTIL (INTERPRETACIÓN DEL ARTÍCULO 1391, FRACCIÓN V, DEL CÓDIGO DE COMERCIO).** Para ejercer la vía ejecutiva mercantil es necesario que el demandante cuente con un documento a su favor que, conforme a la ley, traiga aparejada ejecución, es decir, con un título ejecutivo, el cual debe contener, como principales requisitos, un crédito: a) cierto en su existencia; b) líquido en cuanto a cuantía determinada; y, c) exigible, como obligación incondicional. Ahora bien, el artículo 1391, fracción V, del Código de Comercio señala que ...

... traen aparejada ejecución las pólizas de seguros conforme a la ley de la materia, por lo que tal remisión expresa debe entenderse referida, en primer término, a la Ley sobre el Contrato de Seguro y, en segundo, a la Ley General de Instituciones y Sociedades Mutualistas de Seguros; sin embargo, estos ordenamientos no le otorgan un carácter ejecutivo a las indicadas pólizas. Por tanto, ante esa laguna legislativa la citada fracción V debe interpretarse en el sentido de que las pólizas de seguros no son títulos ejecutivos para efectos de la procedencia de la vía ejecutiva mercantil. Lo anterior es así, porque de los artículos 19 y 20 de la Ley sobre el Contrato de Seguro se advierte que la póliza es la manifestación escrita y la prueba por excelencia de la celebración de ese contrato, pero no que sea el contrato en sí o un título ejecutivo, y mucho menos que, por sí misma, traiga aparejada ...

... ejecución, pues no reúne los aludidos requisitos para considerar que así sea. En efecto, no tiene una cantidad líquida precisamente exigible, ya que aun cuando en ella se consigna una suma asegurada determinada, su cobro está sujeto a una serie de condiciones estipuladas tanto en el propio contrato como en la ley de la materia, tales como que el contrato esté vigente, se haya pagado la prima, se verifique el riesgo amparado, el siniestro reclamado sea procedente y que no resulte aplicable alguna causa de exclusión; de manera que las obligaciones contraídas por las aseguradoras están supeditadas a la realización de la eventualidad futura e incierta prevista en el contrato respectivo, a diferencia de lo que ocurre con los títulos ejecutivos. **Contradicción de tesis 153/2008-PS**

TÍTULO EJECUTIVO:

- La prueba preconstituida para el ejercicio de la acción ejecutiva consiste en configurar el título ejecutivo, agregando a un documento algún requisito que le falte, como su autenticidad o el carácter líquido de la deuda y su exigibilidad; o bien, la confesión judicial, expresa o tácita, plena de la existencia del adeudo en una cantidad cierta, líquida y exigible es decir, de plazo vencido. A continuación se precisa el criterio federal:

TÍTULOS EJECUTIVOS
TESIS

Época: Décima Época. Registro: 2004561. Instancia: Tribunales Colegiados de Circuito. Tipo de Tesis: **Aislada**. Fuente: Semanario Judicial de la Federación y su Gaceta. Libro XXIV, Septiembre de 2013, Tomo 3. Materia(s): Civil. Tesis: I.3o.C.125 C (10a.). Página: 2651. **PRUEBA PRECONSTITUIDA PARA EL EJERCICIO DE LA ACCIÓN EJECUTIVA.** La Suprema Corte de Justicia de la Nación, ha sostenido que una acción puede ser preparada a través de medios preparatorios. Para el caso del juicio ejecutivo mercantil, la preparación consiste en configurar el título ejecutivo, <u>agregando a un documento algún requisito que le falte, como su autenticidad o el carácter líquido de la deuda y su exigibilidad</u>; <u>o bien, la confesión judicial, expresa o tácita, plena de la existencia del adeudo en una cantidad cierta, líquida y exigible</u>. ...

... Se trata de constituir una prueba fehaciente, ya que la base de la acción mencionada es la existencia de un título ejecutivo, el cual debe contener todos los elementos que se requieren para el ejercicio de la acción ejecutiva, como son el consignar la obligación de una suma de dinero, que la cantidad sea líquida o fácilmente liquidable y exigible, o sea, de plazo vencido y que no se halle sujeta a condición, pues la ausencia de cualquiera de estas condiciones hace inhábil el título para la ejecución. Para la procedencia de la vía ejecutiva se requiere un título que traiga aparejada ejecución, debido a que éste forma prueba preconstituida, que no está dirigida a que se declaren derechos dudosos o controvertidos, sino llevar a efecto los que han sido reconocidos por un título de tal fuerza que constituye una presunción de que el derecho del actor se legitimó y está suficientemente probado para ...

... que se atienda y a que el demandado oponga, así como pruebe sus defensas. Al respecto, el artículo 1391 del Código de Comercio dispone que la vía ejecutiva mercantil tiene lugar siempre que la demanda se funde en documentos que traigan aparejada ejecución, y específicamente en la fracción III de dicha disposición se señala a la confesión judicial efectuada según el artículo 1288 del mismo código, cuando "... haga prueba plena y afecte a toda la demanda, cesará el juicio ordinario, si el actor lo pidiere así, y se procederá en la vía ejecutiva.". En tal virtud, esa confesión debe reconocer la existencia de una deuda cierta, líquida y exigible, condiciones éstas que son esenciales en el título ejecutivo, pues no se puede despachar la ejecución cuando el título no es ejecutivo por no contener en sí la prueba preconstituida de esos tres elementos.

JURISPRUDENCIA
TÍTULOS EJECUTIVOS

TÍTULO EJECUTIVO: Los estados de cuenta bancarios certificados por el contador facultado por la institución acreedora, *serán títulos ejecutivos* sin necesidad de exhibir el título profesional de aquél.

Época: Novena Época. Registro: 180147. Instancia: Tribunales Colegiados de Circuito. Tipo de Tesis: **Aislada**. Fuente: Semanario Judicial de la Federación y su Gaceta. Tomo XX, Noviembre de 2004. Materia(s): Civil. Tesis: VI. 2o.C.204 C. Página: 1959. **ESTADOS DE CUENTA BANCARIOS. LOS CERTIFICADOS POR EL CONTADOR FACULTADO POR LA INSTITUCIÓN ACREEDORA, SERÁN TÍTULOS EJECUTIVOS SIN NECESIDAD DE EXHIBIR EL TÍTULO PROFESIONAL DE AQUÉL.** De acuerdo con el artículo 68 de la Ley de Instituciones de Crédito, los contratos o las pólizas en los que, en su caso, se hagan constar los créditos que

… otorguen las instituciones de crédito, junto con los estados de cuenta certificados por el contador facultado por la institución acreedora, serán títulos ejecutivos, sin necesidad de reconocimiento de firma ni de otro requisito; de ahí que la actora no está obligada a exhibir conjuntamente con el indicado estado de cuenta, el título profesional que acredite que la persona que lo expidió es contador público, pues en todo caso ello será materia de prueba cuando el demandado oponga la excepción respectiva, dado que la certificación contable tiene en todo caso la presunción de validez, salvo prueba en contrario. …

… Asimismo, con base en la citada disposición legal, el título ejecutivo tiene valor probatorio sin necesidad de complementarlo con reconocimiento, cotejo, autentificación o acreditación, sino que a través del mismo, se prueba la existencia en contra de la demandada, de una obligación patrimonial líquida y exigible en el momento en que se instauró el juicio, de manera que para admitir la demanda ejecutiva mercantil es suficiente la certificación contable vinculada al contrato respectivo, que en términos del aludido precepto legal tienen el carácter de título ejecutivo. …

JURISPRUDENCIA
Contradicción de tesis

JUICIO EJECUTIVO MERCANTIL:
- La vía ejecutiva mercantil es improcedente su ejercicio en contra del garante hipotecario cuando no tiene a la vez el carácter de acreditado, mutuatario u obligado solidario (artículos 68 y 72 de la ley de instituciones de crédito).

JURISPRUDENCIA
Contradicción de tesis 40/2001
JUICIO EJECUTIVO MERCANTIL

Época: Novena Época. Registro: 187353. Instancia: Primera Sala. Tipo de Tesis: **Jurisprudencia**. Fuente: Semanario Judicial de la Federación y su Gaceta. Tomo XV, Marzo de 2002. Materia(s): Civil. Tesis: 1a./J. 5/2002. Página: 119. **VÍA EJECUTIVA MERCANTIL. ES IMPROCEDENTE SU EJERCICIO EN CONTRA DEL GARANTE HIPOTECARIO CUANDO NO TIENE A LA VEZ EL CARÁCTER DE ACREDITADO, MUTUATARIO U OBLIGADO SOLIDARIO (ARTÍCULOS 68 Y 72 DE LA LEY DE INSTITUCIONES DE CRÉDITO).** Los artículos 68 y 72 de la Ley de Instituciones de Crédito, así como el diverso 1391 del Código de Comercio establecen, respectivamente, que los contratos o las pólizas en que consten los créditos otorgados por las instituciones bancarias, junto con los estados de cuenta certificados por el contador facultado por éstas, serán títulos ejecutivos, sin necesidad de reconocimiento de firma ni de otro requisito, lo que da ...

> ... pauta para el ejercicio de la vía ejecutiva mercantil, y que el acreedor de un crédito garantizado con hipoteca podrá ejercer sus acciones en juicio ejecutivo mercantil, ordinario "o el que en su caso corresponda", comprendiéndose dentro de esta expresión a la vía hipotecaria civil; asimismo, que el juicio ejecutivo mercantil procede cuando la demanda se funda en documento que trae aparejada ejecución. Ahora bien, de la interpretación conjunta de los numerales citados, se concluye que, cuando el crédito otorgado por una institución de crédito tenga garantía real, dicho ente podrá ejercitar sus acciones en el juicio ejecutivo mercantil, sólo respecto del demandado o demandados que tengan la calidad de acreditados, mutuatarios u obligados solidarios (deudores directos), pero no en contra de quien sólo tiene el carácter de garante hipotecario, ...

> ... puesto que por la naturaleza del contrato de hipoteca, así como por las características particulares de las vías ejecutiva mercantil e hipotecaria, si el garante hipotecario, quien sólo tiene la obligación real y subsidiaria de responder del pago de la obligación principal en defecto de su normal cumplimiento, mediante la aplicación del bien otorgado en garantía, no se obligó en forma alguna como deudor directo en el contrato de crédito otorgado por la mencionada institución, no tiene legitimación pasiva para ser demandado en la vía ejecutiva mercantil, porque no se reúne un presupuesto lógico de su procedencia, como lo es la existencia de una deuda cierta, líquida y exigible a su cargo, sino sólo en la especial hipotecaria y, por ende, resulta improcedente el ejercicio de aquélla, cuando no se reúnen simultáneamente en el otorgante de la garantía esta ...

> ... calidad y la de acreditado, mutuatario u obligado solidario, es decir, no se trata de una persona obligada en el juicio ejecutivo mercantil al pago de las cantidades de que haya dispuesto el acreditado, porque su obligación depende del incumplimiento de pago por parte de éste, supuesto en el que deberá soportar la afectación del bien hipotecado al pago de la deuda.

JURISPRUDENCIA
Tesis.

TÍTULO EJECUTIVO:

Las certificaciones del contador de la institución de crédito, vinculada al contrato constituyen título ejecutivo sin necesidad de acreditar el nombramiento de aquél

> **JURISPRUDENCIA: Tesis.**
> **TÍTULO EJECUTIVO**
>
> Época: Novena Época. Registro: 189511. Instancia: Tribunales Colegiados de Circuito. Tipo de Tesis: **Aislada**. Fuente: Semanario Judicial de la Federación y su Gaceta. Tomo XIII, Junio de 2001. Materia(s): Civil. Tesis: VI.2o.C.684 C. Página: 681. **CERTIFICACIONES. CONTADOR DE INSTITUCIÓN DE CRÉDITO, VINCULADA AL CONTRATO. CONSTITUYEN TÍTULO EJECUTIVO SIN NECESIDAD DE ACREDITAR EL NOMBRAMIENTO DE AQUÉL.** De acuerdo con el artículo 68 de la Ley de Instituciones de Crédito, los contratos o las pólizas en los que, en su caso, se hagan constar los créditos que otorguen las instituciones de crédito, junto con los estados de cuenta certificados por el contador facultado por la institución acreedora, serán títulos ejecutivos, sin necesidad de reconocimiento de firma ni de otro requisito; de ahí que la actora no está obligada a exhibir conjuntamente con el indicado estado

> ... de cuenta, el título profesional que acredite que la persona que lo expidió es contador público, pues en todo caso ello será materia de prueba cuando el demandado oponga la excepción respectiva, dado que la certificación contable tiene en todo caso la presunción de validez, salvo prueba en contrario. Asimismo, con base en la citada disposición legal, el título ejecutivo tiene valor probatorio sin necesidad de complementarlo con reconocimiento, cotejo, autentificación o acreditación, sino que a través del mismo, se prueba la existencia en contra de la demandada, de una obligación patrimonial líquida y exigible en el momento en que se instauró el juicio, de manera que, para admitir la demanda ejecutiva mercantil, es suficiente la certificación contable vinculada al contrato respectivo, que en términos del aludido precepto legal tienen el carácter de título ejecutivo. ...

DR. JOSÉ LUIS CASTILLO SANDOVAL

CONTRATO DE CRÉDITO: TÍTULO EJECUTIVO

COMENTARIO:
CONTRATO DE APERTURA DE CUENTA CORRIENTE NO ES TÍTULO EJECUTIVO, PERO EN LA PRÁCTICA SE HA SUSTITUIDO DICHO CRITERIO AL SOLICITAR EL SECUESTRO DE BIENES DEL DEUDOR COMO MEDIDA PRECAUTORIA: Los requisitos que deben reunir los instrumentos públicos para tener el carácter de títulos ejecutivos deben ser expedidos por funcionarios públicos en el ejercicio de sus funciones, los cuales deben contener una obligación patrimonial del demandado y demostrar por sí mismos la existencia de una deuda cierta, líquida y exigible para que puedan conceptuarse títulos ejecutivos; lo que no sucede con los llamados contratos de apertura de crédito en cuenta corriente ya que si bien fueron elaborados ante notario público, no contienen cantidad líquida, exigible y de plazo cumplido. ...

... No obstante dicho criterio, las instituciones bancarias han optado por promover medidas precautorias de secuestro de bienes del deudor bajo el argumento de que éste se ha colocado en estado de insolvencia al dejar de pagar dos o más mensualidades, precisando el monto adeudado con el estado de cuenta respectivo, y de que tienen el temor fundado de que los bienes de dicho deudor se oculten o dilapiden, y como tienen reconocida solvencia económica no exhiben fianza para garantizar dicho secuestro provisional de bienes. En muchos casos, se está concediendo dicha medida cautelar eludiendo el criterio federal de que el adeudo contenido en un contrato de apertura de cuenta corriente no es título ejecutivo. ...

JURISPRUDENCIA. Tesis. TÍTULOS EJECUTIVOS

Época: Novena Época. Registro: 203678. Instancia: Tribunales Colegiados de Circuito. Tipo de Tesis: **Aislada**. Fuente: Semanario Judicial de la Federación y su Gaceta. Tomo II, Diciembre de 1995. Materia(s): Civil. Tesis: XVI.2o.6 C. Página: 581. **TITULOS EJECUTIVOS. INSTRUMENTOS PUBLICOS, REQUISITOS QUE DEBEN REUNIR. MATERIA MERCANTIL.** El artículo 1391 del Código de Comercio, dispone que el procedimiento ejecutivo tiene lugar cuando la demanda se funde en documentos que traigan aparejada ejecución, reconociendo en su fracción II tal carácter a los instrumentos públicos; empero, como no define qué son los mencionados instrumentos públicos y remite a los que están reputados como tales en las leyes comunes, se debe atender a lo dispuesto por el artículo 132 del Código de Procedimientos Civiles para el Estado de Guanajuato, que los define como aquellos cuya ...

... formación está encomendada por la ley dentro de los límites de su competencia a un funcionario revestido de fe pública y los expedidos por funcionarios públicos en el ejercicio de sus funciones, los cuales deben contener una obligación patrimonial del demandado y demostrar por sí mismos la existencia de una deuda cierta, líquida y exigible para que puedan conceptuarse títulos ejecutivos; lo que no sucede con los llamados contratos de apertura de crédito en cuenta corriente, en tanto que los mismos, si bien fueron elaborados ante notario público, no contienen cantidad líquida, exigible y de plazo cumplido.

JURISPRUDENCIA
Contradicción de tesis. ADJUDICACIÓN DIRECTA

> **ADJUDICACIÓN DIRECTA EN EL JUICIO ESPECIAL HIPOTECARIO:** Al tratarse de temas selectos en el ámbito mercantil, es importante precisar lo relativo a la adjudicación directa la que es procedente en el procedimiento de ejecución del juicio hipotecario.

- PLENO EN MATERIA CIVIL DEL PRIMER CIRCUITO. Contradicción de tesis 23/2016Esta tesis se publicó el viernes 04 de agosto de 2017 a las 10:12 horas en el Semanario Judicial de la Federación y, por ende, se considera de aplicación obligatoria a partir del lunes 07 de agosto de 2017, para los efectos previstos en el punto séptimo del Acuerdo General Plenario 19/2013

JURISPRUDENCIA
Contradicción de tesis.
Adjudicación directa juicios hipotecarios.

Época: Décima Época. Registro: 2014811. Instancia: Plenos de Circuito. Tipo de Tesis: **Jurisprudencia.** Fuente: Semanario Judicial de la Federación. Publicación: viernes 04 de agosto de 2017 10:12 h Materia(s): (Civil). Tesis: PC.I.C. J/47 C (10a.) **ADJUDICACIÓN DIRECTA. ES PROCEDENTE EN EL PROCEDIMIENTO DE EJECUCIÓN DEL JUICIO HIPOTECARIO (INTERPRETACIÓN SISTEMÁTICA Y TELEOLÓGICA DE LOS ARTÍCULOS 2916 DEL CÓDIGO CIVIL Y 569 BIS DEL CÓDIGO DE PROCEDIMIENTOS CIVILES, AMBOS PARA EL DISTRITO FEDERAL, APLICABLES PARA LA CIUDAD DE MÉXICO).** Conforme al primer párrafo del artículo 2916 citado, el acreedor hipotecario puede adquirir la cosa hipotecada, en remate judicial, o por adjudicación, en los casos en que no se presente otro postor, de acuerdo con lo que establezca el Código de Procedimientos Civiles. De lo anterior se advierte que dicho artículo no contiene un ...

> ... criterio excluyente, al no señalar que el acreedor únicamente podrá adquirir el bien hipotecado mediante subasta, sino que al remitirse en forma expresa a lo que fije el Código de Procedimientos Civiles, deja abierta la posibilidad para que la cosa pueda adjudicarse de manera directa, esto es, sin previo remate, acorde con el artículo 569 bis del código procesal mencionado. Además, de la exposición de motivos del decreto que reformó diversos preceptos de éste, publicado en la Gaceta Oficial local el 10 de septiembre de 2009, se observa que la adición de este último precepto, que prevé la figura de la adjudicación directa, tuvo como finalidad evitar que los acreedores eroguen gastos en la preparación del remate y se ahorre tiempo en la adjudicación de bienes que no tengan otros gravámenes y el importe del avalúo sea menor al de la condena, sin que de dicha exposición se ...

> ... aprecie que la aplicación de esa figura haya sido excluida del juicio hipotecario o prevista exclusivamente para algún tipo de juicio; de ahí que en el juicio hipotecario procede la adjudicación directa. Sostener lo contrario, implicaría contravenir los fines expresamente pretendidos por el legislador mediante la adición indicada, relativos a alcanzar el acceso a una justicia ágil y eficiente, pues se impediría que el proceso de ejecución de sentencia fuera rápido y efectivo, lo que se busca obtener a través de la adjudicación directa, mediante el ahorro de los gastos propios de la preparación del remate y del tiempo que ello implica, tanto para las partes como para el juzgador, así como, en su caso, la rebaja del precio del bien rematado con motivo de la celebración de la primera y segunda almonedas, lo que repercute en perjuicio del deudor. Por tal motivo, se estima que la interpretación del ...

DR. JOSÉ LUIS CASTILLO SANDOVAL

> ... artículo 2916 del Código Civil no debe ser en el sentido de que previamente a la adjudicación directa se requiere necesariamente la tramitación del procedimiento de remate, sino en congruencia con el objeto pretendido por la aludida reforma y, en especial, con lo que dispone el artículo 569 bis del Código de Procedimientos Civiles para el Distrito Federal, aplicable para la Ciudad de México.

JURISPRUDENCIA
Contradicción de tesis 44/2012. ACCIÓN DE NULIDAD

ACCIÓN DE NULIDAD POR FALSEDAD DE FIRMA DEL PAGARÉ (VOUCHER) debe realizarse ante la autoridad judicial e inconformarse, en su caso, ante la Comisión Nacional para la Protección y Defensa de los Usuarios de Servicios Financieros (CONDUSEF)

JURISPRUDENCIA
ACCIÓN DE NULIDAD

Época: Décima Época. Registro: 2001388. Instancia: Primera Sala. Tipo de Tesis: Jurisprudencia. Fuente: Semanario Judicial de la Federación y su Gaceta. Libro XI, Agosto de 2012, Tomo 1. Materia(s): Civil. Tesis: 1a./J. 69/2012 (10a.). Página: 444. **NULIDAD DE PAGARÉ (VOUCHER) EMITIDO POR EL USO DE TARJETA DE CRÉDITO. LA PROCEDENCIA DE LA ACCIÓN NO ESTÁ SUJETA A QUE, PREVIAMENTE A SU EJERCICIO, EL TARJETAHABIENTE OBJETE LOS CARGOS ANTE EL BANCO EMISOR DEL PLÁSTICO O ANTE LA CONDUSEF, SI TAL PRETENSIÓN SE SUSTENTA EN LA FALSEDAD DE LA FIRMA ESTAMPADA.** Cuando se alega la falsedad de la firma impresa en el pagaré (voucher) emitido con motivo del uso de una tarjeta de crédito, aun por los consumos que se hubieren realizado con anterioridad al reporte de robo, procede la acción de nulidad prevista en el Código Civil Federal, sin que ...

... previamente deban agotarse los procedimientos administrativos previstos en las reglas expedidas por el Banco de México o en el contrato de apertura de crédito, para objetar los cargos que aparecen en el estado de cuenta. Lo anterior encuentra justificación en la circunstancia de que el derecho a la tutela judicial no puede conculcarse por requisitos que impidan u obstaculicen el efectivo acceso a la jurisdicción, como podría ser el relativo a obligar al tarjetahabiente a que, previamente al ejercicio de la acción de nulidad, objete los cargos ante la institución bancaria que emitió la tarjeta y, en su caso, inconformarse con el dictamen emitido por ésta, ante la Comisión Nacional para la Protección y Defensa de los Usuarios de Servicios Financieros, pues dichos procedimientos son ineficaces para que el actor vea acogida su pretensión sustentada en la falsedad de la

... firma asentada en los vouchers, ya que por un lado, tal causa de nulidad es de índole extracontractual, lo que genera la inaplicabilidad de lo pactado y, por otra parte, la declaración de nulidad debe decretarse por autoridad jurisdiccional, siempre que el demandante demuestre su pretensión, sin que ello implique que la institución bancaria se encuentre impedida para hacer valer otro tipo de acciones o haga valer excepciones derivadas del contrato de apertura de crédito que puedan trascender al resultado de la decisión. Por lo tanto, para que proceda la referida acción de nulidad resulta innecesario agotar los procedimientos mencionados, por no ser los idóneos para obtener la nulidad pretendida.

JURISPRUDENCIA
VOUCHERS O PAGARÉS. OBLIGACIÓN DE LOS BANCOS RESGUARDARLOS

Época: Décima Época. Registro: 160341. Instancia: Tribunales Colegiados de Circuito. Tipo de Tesis: **Jurisprudencia.** Fuente: Semanario Judicial de la Federación y su Gaceta. Libro IV, Enero de 2012, Tomo 5. Materia(s): Civil. Tesis: I.11o.C. J/21 (9a.). Página: 4252
TARJETAS DE CRÉDITO. LAS INSTITUCIONES BANCARIAS EMISORAS DE LAS MISMAS, TIENEN LA OBLIGACIÓN LEGAL DE RESGUARDAR EN SUS ARCHIVOS, LOS VOUCHERS O PAGARÉS QUE FIRMA EL TARJETAHABIENTE EN EL MOMENTO DE LAS OPERACIONES DE COMPRA DE BIENES O SERVICIOS.
De la interpretación armónica y sistemática de los artículos 6o., fracciones I y II, 46, fracción VI y 77 de la Ley de Instituciones de Crédito, 170, fracción VI, de la Ley General de Títulos y Operaciones de Crédito, así como de las reglas primera, tercera, cuarta, novena, décimo quinta y vigésima octava a las que habrán de sujetarse las ...

> ... instituciones de banca múltiple en la emisión y operación de tarjetas bancarias, en relación con la jurisprudencia por contradicción de tesis número 1a./J. 11/2007, de la Primera Sala de la Suprema Corte de Justicia de la Nación, que aparece publicada en el Semanario Judicial de la Federación y su Gaceta, Novena Época, Tomo XXV, abril de 2007, página 143, cuyo rubro es: "NULIDAD ABSOLUTA. PROCEDE CUANDO SE ALEGA LA FALSEDAD DE LA FIRMA IMPRESA EN UN PAGARÉ (VOUCHER) SUSCRITO EN VIRTUD DE UNA COMPRA REALIZADA A TRAVÉS DE UNA TARJETA DE CRÉDITO."; se desprende que una de las actividades autorizadas a los bancos es la expedición de tarjetas de crédito y que los bancos deben prestar sus servicios con apego a la ley y normas administrativas, así como a las sanas prácticas que propicien seguridad de las operaciones a sus clientes. ...

> ... De lo que se concluye que el pago a terceros que se obligan a realizar las instituciones bancarias a cuenta del acreditado, por operaciones realizadas a través de tarjetas de crédito (adquisición de bienes o servicios), mediante la firma de vouchers o pagarés, está limitado a la observancia de diversos requisitos, a saber: a) Que se haya tenido a la vista la tarjeta de crédito en el momento de la operación; b) Que el proveedor del bien o servicio haya cotejado que la firma impuesta en el voucher respectivo, corresponda a la del tarjetahabiente por su similitud a simple vista; c) Que el banco realice el pago a la filial de los servicios y bienes adquiridos, teniendo a la vista los pagarés o vouchers respectivos que documentan la operación; d) Que en caso de objeción o aclaración de un cargo por parte del usuario el banco tenga a la vista el pagaré- voucher para dictaminar lo procedente y ...

DR. JOSÉ LUIS CASTILLO SANDOVAL

> ... anexar al dictamen una copia legible de tal documento que ampara la operación. Así, se evidencia que para realizar el cargo de las operaciones documentadas en los citados vouchers o pagarés, es obligación de las instituciones bancarias emisoras de las tarjetas, tener aquéllos a la vista para verificar que la firma impuesta en tales documentos que amparan la operación, corresponde a la del tarjetahabiente o usuario, en atención al principio de seguridad que deben observar dichas instituciones en beneficio de sus clientes. Máxime que al compartir los vouchers la naturaleza de los títulos de crédito denominados pagarés, es un requisito esencial para realizar los cargos respectivos, que tales documentos hayan sido suscritos precisamente por el usuario o cuentahabiente de la tarjeta crediticia; lo que trae consigo la obligación de que los bancos tengan ...

> .... necesariamente en su poder los denominados vouchers que documentan las citadas operaciones y que hayan pagado a un tercero, a cuenta del tarjetahabiente, puesto que todo el marco normativo que regula las transacciones hechas a través de las tarjetas de crédito, obligan al banco emisor de las mismas, a cubrir el pago de bienes y servicios, así como a cargar su monto a la cuenta del acreditado, sólo si los vouchers fueran firmados precisamente por el titular de la tarjeta respectiva.
>
> De tal suerte, que es obligación del banco emisor tener a su alcance esos documentos, ya que incluso de acuerdo con lo sustentado por el Máximo Tribunal del País, en la ejecutoria que da origen a la jurisprudencia citada con antelación, los citados vouchers son remitidos por las empresas filiales a través de los denominados volantes de ...

> ... control de depósito, por lo que jurídicamente, cuando ya se ha realizado el pago y el cargo correspondiente a la cuenta del tarjetahabiente, el banco debe tener a su disposición los documentos que amparan la operación, sobre todo si ésta es materia de reclamación del cuentahabiente.

JURISPRUDENCIA
PERICIAL EN CALIGRAFIA Y GRAFOSCOPÍA

Época: Décima Época. Registro: 2014436. Instancia: Segunda Sala. Tipo de Tesis: **Jurisprudencia**. Fuente: Gaceta del Semanario Judicial de la Federación. Libro 43, Junio de 2017, Tomo II. Materia(s): Constitucional, Común. Tesis: 2a./J. 59/2017 (10a.). Página: 1234 **PERICIAL EN MATERIA DE CALIGRAFÍA Y GRAFOSCOPÍA. EL JUEZ DE DISTRITO ESTÁ FACULTADO PARA ORDENAR OFICIOSAMENTE SU PRÁCTICA Y DESAHOGO, A FIN DE VERIFICAR LA AUTENTICIDAD DE LA FIRMA QUE CALZA LA DEMANDA DE AMPARO, RECONOCIDA POR QUIEN APARECE COMO PROMOVENTE EN ELLA, ÚNICAMENTE CUANDO ADVIERTA QUE LA FIRMA RATIFICADA Y LAS PLASMADAS DURANTE LA DILIGENCIA DE RATIFICACIÓN SON NOTORIAMENTE DIFERENTES.** Únicamente en el caso referido, esto es, cuando aprecie una diferencia notoria entre la firma ratificada y las plasmadas durante la diligencia de ...

... ratificación, el Juez de Distrito estará facultado para ordenar oficiosamente la práctica y desahogo de una prueba pericial en materia de caligrafía y grafoscopia, a fin de corroborar su autenticidad pues, por un lado, la procedencia del juicio de amparo es una cuestión de orden público y estudio preferente e independiente de la actuación de las partes y, por otro, dicha pericial no sólo es un elemento probatorio admisible en el juicio, sino que resulta idóneo para comprobar la veracidad de la firma mencionada.

Contradicción de tesis 338/201685/2016. Tesis de **jurisprudencia** 59/2017 (10a.). Aprobada por la Segunda Sala de este Alto Tribunal, en sesión privada del diez de mayo de dos mil diecisiete. Esta tesis se publicó el viernes **09 de junio de 2017** a las 10:15 horas en el Semanario Judicial de la Federación y, por ende, se considera de aplicación obligatoria a partir del lunes 12 de junio de 2017, para los efectos previstos en el punto séptimo del Acuerdo General Plenario 19/2grafoscopía013.

JURISPRUDENCIA
INCIDENTE DE FALSEDAD DE FIRMA DE UN RECURSO DE REVISIÓN.
Debe acreditarse la falsedad mediante la pericial

Época: Novena Época. Registro: 179297. Instancia: Tribunales Colegiados de Circuito. Tipo de Tesis: Aislada. Fuente: Semanario Judicial de la Federación y su Gaceta. Tomo XXI, Febrero de 2005. Materia(s): Común. Tesis: III.2o.P. 30 K. Página: 1702. **INCIDENTE DE FALSEDAD DE FIRMAS. SI LA RATIFICACIÓN DEL RECURRENTE DE QUE LAS QUE CALZAN EL ESCRITO DE AGRAVIOS DE LA REVISIÓN SE HACE FUERA DEL TÉRMINO PARA INTERPONER ESTE RECURSO, DEBE ADMITIRSE TAL INCIDENTE PARA DEMOSTRAR SU FALSEDAD Y, POR ENDE, LA INEXISTENCIA DE DICHO ESCRITO.** La manifestación del recurrente, vía ratificación, de que las firmas que calzan el escrito de agravios, y las que constan en diversas actuaciones del proceso son suyas, no puede convalidar la posibilidad de que la que estampó el recurrente en aquel escrito pueda resultar falsa y, por ende, que la interposición del recurso de revisión pueda ...

> ... resultar extemporánea, toda vez que dicha ratificación se hizo cuando ya había transcurrido en exceso el término de diez días que para ese efecto señala el artículo 86 de la Ley de Amparo; por ello, debe admitirse el incidente de falsedad de firma, pues con él podrá demostrarse, a través de la prueba pericial, que efectivamente la firma no corresponde al puño y letra del recurrente, dando a los terceros perjudicados la oportunidad de probarla, ya que de demostrarse su falsedad el escrito que dio origen al recurso de revisión resultará inexistente, máxime que la falsificación de una firma en la demanda de amparo o en el escrito de agravios es una situación que afecta al orden público.

JURISPRUDENCIA
INCIDENTE DE FALSEDAD DE FIRMA DE UN RECURSO DE APELACIÓN. Debe acreditarse la falsedad.

Época: Octava Época. Registro: 217204. Instancia: Tribunales Colegiados de Circuito. Tipo de Tesis: Aislada. Fuente: Semanario Judicial de la Federación. Tomo XI, Febrero de 1993. Materia(s): Civil. Tesis: I.3o.C.561 C. Página: 202. **AGRAVIOS. LA DEMOSTRACION DE FALSEDAD DE LA FIRMA DEL ESCRITO DE EXPRESION DE AGRAVIOS DE, MOTIVA LA DECLARACION DE DESERCION DEL RECURSO DE APELACION.** Durante la tramitación de un recurso de apelación puede la parte apelada interponer un incidente de nulidad de actuaciones, impugnando de falsa la firma del escrito de expresión de agravios que se atribuye al recurrente y si demuestra dicha falsedad, ello implica que el apelante realmente no expresó agravios, porque no fue su firma la que calzaba el escrito respectivo, lo que motiva ...

DR. JOSÉ LUIS CASTILLO SANDOVAL

> ... que se estime fundado el incidente y se declare la deserción del recurso interpuesto; sin que sea obstáculo a lo anterior que no se hubiera promovido recurso de reposición en contra del auto que tuvo por expresados los agravios, toda vez que atendiéndose al incidente como de nulidad de actuaciones, puede obtenerse a la postre la insubsistencia del auto mencionado. Tampoco es óbice a lo anterior el reconocimiento posterior que de la firma pretenda hacer el apelante, toda vez que demostrándose a través de las pruebas periciales su falsedad, no podía tener efectos hacia el pasado tal ratificación ni subsanar la carencia de esa formalidad esencial del procedimiento.

AUTO DE EXEQUENDO:
3 Pasos a seguir para embargo de bienes.

- En el juicio ejecutivo mercantil oral, consiste en requerir de pago al deudor (persona jurídica o física) respecto de la deuda, quien tiene el derecho de señalar bienes para embargo, y si no lo hace, pasa el derecho del actor quién debe ir preparado para que dicho embargo no tenga ninguna traba legal siguiendo los siguientes pasos:

PASO 1. Investiga si el deudor tiene bienes para embargo y éstos son bienes inmuebles o muebles (automóviles, maquinaria, etc.), si tiene cuentas bancarias de cheques, valores, ahorros, inversiones, o bien si tiene constituido algún fideicomiso donde tenga el carácter de fideicomitente o fideicomisario; debe tener precisados dichos datos de las citadas instituciones de crédito para precisarlas en el acto de la diligencia de exequendo.

PASO 2. Si es persona física y accionista de alguna persona jurídica, precisar el nombre de la sociedad mercantil, los datos del Registro Público de la Propiedad y del Comercio, tratar de buscar quién es el Presidente o Administrador único de la Sociedad, para que el juez le ordené, cuál es el monto de la cantidad embargada para que se anote dicho embargo de acciones en el registro (libro) de accionistas de la empresa.

PASO 3. Si se tienen derechos de cobro por trabajos de prestación de servicios, construcción, de fideicomisario, rentas, regalías, etc., precisarlas en el momento de la diligencia. Tratándose de embargo de bienes inmuebles precisar los datos del registro público de la propiedad y del comercio para proceder a su inscripción y surta efectos contra terceros.

PROBLEMÁTICA QUE SE PRESENTA EN EL REQUERIMIENTO DE PAGO, EMBARGO Y EMPLAZAMIENTO:

Negativa de atender la diligencia.

No abrir el domicilio del deudor.

Ocultamiento del deudor.

Utilización de dos razones sociales de empresas o nombres de personas físicas en el mismo domicilio.

Amenazas e insultos al actuario, ejecutor y acreedor para incentivar el cobro.

SOLUCIÓN AL PROBLEMA:

El juzgador local y federal, según sea el caso en que se esté tramitado el juicio ejecutivo mercantil oral, ante la petición del acreedor interesado debe apercibir al deudor con cualesquiera de las medidas de apremio establecidas en los artículos 1390 Ter-3 1390 bis 4, 1067 Bis del Código de Comercio como lo son entre otras: la utilización de la fuerza pública, rompimiento de cerraduras, parte al ministerio publico si se considera que el acto es constitutivo de delito, o arresto hasta por 36 horas, debiendo razonar la aplicación de dichos medios de apremio por desacato a un mandato judicial.

...

SOLUCIÓN AL PROBLEMA:

... Por otra parte, de conformidad con lo dispuesto por los artículos 1393 y 1411 del Código de Comercio, ante la oposición o negativa de atender la diligencia por parte del demandado, el juez está en aptitud de ordenar el embargo de bienes por medio de edictos debiendo publicarse en el periódico de mayor circulación que considere conveniente.

VÍA ORAL MERCANTIL

- Es competente un Juez de Proceso Oral Civil, aun cuando la acción se ejercita con base en un contrato de apertura de crédito simple y un estado de cuenta certificado, que integran título ejecutivo mercantil y se demanda el cumplimiento forzoso del contrato basal, lo anterior, quedó precisado en la tesis por contradicción que se transcribe:

JURISPRUDENCIA
VÍA ORAL MERCANTIL

Época: Décima Época. Registro: 2016533. Instancia: Plenos de Circuito. Tipo de Tesis: **Jurisprudencia**. Fuente: Semanario Judicial de la Federación. Publicación: viernes 06 de abril de 2018 10:10 h. Materia(s): (Civil). Tesis: PC.II.C. J/8 C (10a.). **VÍA ORAL MERCANTIL. PROCEDE AUN CUANDO LA ACCIÓN SE EJERCITA CON BASE EN UN CONTRATO DE APERTURA DE CRÉDITO SIMPLE Y UN ESTADO DE CUENTA CERTIFICADO, QUE INTEGRAN TÍTULO EJECUTIVO MERCANTIL Y SE DEMANDA EL CUMPLIMIENTO FORZOSO DEL CONTRATO BASAL.** La interpretación conjunta y sistemática de los artículos 1049, 1055, 1055 bis, 1377, 1390 bis, 1390 bis 1 del Código de Comercio, permite concluir que cuando la acción se funda en un contrato de apertura de crédito simple para la adquisición de bienes de consumo duradero y un estado de cuenta certificado, la vía procedente para su reclamo no es exclusivamente la vía ejecutiva mercantil,

...

... sino también la oral mercantil, atento a que los artículos 1055 y 1055 bis citados; facultan al accionante a elegir en qué vía ejercitará sus acciones, por lo que es procedente esta última, aun cuando los documentos basales integren título ejecutivo, si el actor sólo intenta el cobro del importe contenido en el título y su fundamento no radica en éste, sino en la relación o negocio subyacente que en él se contiene. PLENO EN MATERIA CIVIL DEL SEGUNDO CIRCUITO. **Contradicción de tesis 1/2017.** Esta tesis se publicó el viernes 06 de abril de 2018 a las 10:10 horas en el Semanario Judicial de la Federación y, por ende, se considera de aplicación obligatoria a partir del lunes 09 de abril de 2018, para los efectos previstos en el punto séptimo del Acuerdo General Plenario 19/2013.

Acerca del autor

DR. JOSÉ LUIS CASTILLO SANDOVAL

JUEZ VIGÉSIMO TERCERO CIVIL
TRIBUNAL SUPERIOR DE JUSTICIA DE
LA CIUDAD DE MÉXICO

Fecha y lugar de nacimiento:
3 de junio de 1950, Ciudad de México.

Institución de egreso:
Facultad de Derecho, UNAM.

Cédulas Profesionales : 528405; 7938505
Año de ingreso al TSJCDMX: 1990

Trayectoria en el TSJCDMX:
Secretario Proyectista Segunda, Tercera y Séptima Salas Civiles; Juez Vigésimo Tercero Civil.

Experiencia académica:
Instituto de Estudios Judiciales del TSJCDMEX, Instituto Politécnico Nacional, Facultad de Derecho, UNAM; Universidades: Obrera; Latina; Victoria; Valle de México; Asociación de Abogados Litigantes de México, A.C.; Instituto Nacional de Desarrollo Jurídico; Centro de Estudios en Ciencias Jurídicas y Criminológicas, entre otras.

Experiencia laboral:
Gerente y Subgerente jurídico de foráneas de TELMEX; Asesor de filiales; Comisario de la Mutualidad de Empleados de Confianza de TELMEX; Director General del Bufete Jurídico Particular; Funcionario del

Banco Mexicano Somex; Apoderado del Fondo de la Vivienda del ISSSTE; Jefe del Departamento de Control Fiduciario de la Secretaría de la Reforma Agraria.

Obras editoriales:
"Aspectos jurídicos de la prueba pericial"; "El Juicio oral en materia civil"; "Comentarios a las reformas y adiciones del Código de Comercio; "Cómo calcular las costas procesales"; "El Derecho al cobro de las costas procesales y cómo calcularlas"; "La Condena en gastos y costas procesales"; "El Entorno jurídico de los peritos"; Doctorado en Derecho Civil; "Aspectos fundamentales de la prueba pericial en Grafoscopía en el D.F."; coautor del libro "La Naturaleza Técnica y Jurídica de la Junta de Peritos"; "Los Juicios orales Civil y Mercantil", "Las Controversias en el Arrendamiento Inmobiliario", Poesías "Simplemente Amor" Publicaciones en periódicos La Prensa y El Sol de México.

Otros: Master Internacional en Derecho Civil y Familiar, Universidad de Barcelona España; Especialidad en Derecho Judicial por el Instituto de Estudios Judiciales del TSJCDMX Y UNAM; Diplomado en: Oratoria y Comunicación en el Centro de Investigaciones sobre la Libre Empresa, A.C., y Vox Spei, A. C.; Criminalística, UVM; especialidad en Grafología y Grafoscopía, conferenciante, UNAM. Jurado en concurso para el nombramiento de jueces del TSJCDMX; entrevistas: Canal Judicial, SCJN; TV UNAM "Entre Abogados y Ciudadanos"

www.ingramcontent.com/pod-product-compliance
Lightning Source LLC
Chambersburg PA
CBHW052322220526
45472CB00001B/232